Impressum

Ollenik, Walter
Uphues Jürgen:
Hattingen - Ansichten zu einer Stadt

Herausgeber
Stadt Hattingen

Idee
Walter Ollenik

Redaktion
Walter Ollenik
Christiane Herl

Lektorat
Marion Kress
Tatjana Heinrich (Korrektorat)

Satz und Gestaltung
Christiane Herl, Hattingen
frei nach einer Idee von Dina Schiebsdat

Druck und Bindung
Griebsch & Rochol Druck, 59069 Hamm

© Klartext Verlag, Essen 2007
www.klartext-verlag.de
1. Auflage – Essen: Klartext-Verlag
November 2007
ISBN 978-3-89861-665-2

Hattingen
Ansichten zu einer Stadt

KLARTEXT

Inhalt

In kaum einer anderen Stadt im Ruhrgebiet scheinen Tradition und Moderne so spannungsreich miteinander verbunden wie in Hattingen. Auf der einen Seite die Idylle der historischen Altstadt und des beschaulichen Ortteils Blankenstein, auf der anderen Seite eine moderne, pulsierende Stadt mit reicher Kulturlandschaft. Im Norden Naherholung rund um die Ruhr, im Süden das Naturparadies „Elfringhauser Schweiz".

Zum ersten Mal stellt ein Stadtführer die ganze Vielfalt und den Erlebnisreichtum Hattingens dar. Dabei liegen die Schwerpunkte auf den kulturellen Highlights und den zahlreichen Baudenkmälern – im wahrsten Sinne des Wortes herausragende Zeugen der Geschichte: das Bügeleisenhaus, das alte Zollhaus, das historische Rathaus und der schiefe Turm der St.-Georgs-Kirche auf dem Kirchplatz. Der Marktplatz in Blankenstein mit den beiden Landkirchen und der Burg hoch oberhalb der Ruhr oder der Hochofen und die Gebläsehalle als Ikonen der Industriearchitektur und -kultur.

Dieser Stadtführer versetzt unsere Besucher in die Lage, auf eigene Faust die vielen Seiten dieser Stadt zu erleben, fordert aber auch Hattingerinnen und Hattinger heraus, sich mal wieder genauer in heimischen Gefilden umzusehen und etwas Neues zu entdecken. Im Zuge des gewaltigen Strukturwandels, der sich im Ruhrgebiet vollzieht, spielt der Tourismus eine immer stärkere Rolle. Gerade die Vernetzung mit anderen Anziehungspunkten der Region bietet auch für Hattingen die Chance, in Zukunft noch mehr Gäste willkommen heißen zu dürfen.

Ich wünsche Ihnen viel Spaß in Hattingen und im Ruhrgebiet. Ob auf den Spuren der Geschichte oder auf der Suche nach erlebnisreicher Unterhaltung – dieser Stadtführer wird Ihnen Inspiration und ein guter Berater sein.

Dr. Dagmar Goch
Bürgermeisterin

Lebensqualität in Hattingen

Hattingen an der Ruhr, am südlichen Rand des Reviers inmitten eines der größten Ballungs- und Wirtschaftsräume Europas gelegen, erzählt als alte Industriestadt die 150-jährige Geschichte von Stahl und Eisen in der

Region. Doch Hattingens bewegte Vergangenheit reicht erheblich weiter zurück: Vor mehr als 1000 Jahren unter dem Schutz der Franken besiedelt, musste sich die Stadt, im Grenzland zu den Sachsen behaupten. In ihrer Blütezeit im 16. Jahrhundert war sie eine bedeutende Handelsstadt und Mitglied der Hanse und floriert heute inmitten des Strukturwandels an der Grenze zum Bergischen Land.

Die gewaltige Historie hat im Stadtbild eindrucksvolle Spuren hinterlassen, und nicht zuletzt das unterscheidet Hattingen von den zahlreichen Nachbarn im Ruhrgebiet. Hier geben Zeitgeist und Zauber der Vergangenheit gleichermaßen den Takt an, geben sich Tradition und Moderne die Hand.

„Drei-Burgen-Stadt"

Richtung Essen erhebt sich kurz hinter der Hattinger Altstadt aus der Ruhraue der 202 m hohe Isenberg mit der eindrucksvollen Ruine der Isenburg. Die 240 m lange Burg wurde 1193-1200 erbaut und sollte den Grafen von Altena-Isenberg als Stammsitz dienen. Allerdings war die Herrschaft nicht von langer Dauer, denn bereits im Jahre 1225 wurde die Burg – als eine Folge des Überfalls auf den Erzbischof von Köln – vollständig zerstört.

Die neuen Herren von Hattingen wurden die Grafen von der Mark, die ein neues Domizil errichteten: die Burg Blankenstein, in Richtung Witten, ebenfalls hoch über der Ruhr gelegen. Ein mächtiger Turm mit Blick über das gesamte Ruhrgebiet und ein gepflegtes Restaurant mit Biergarten laden dort heute zum Verweilen ein.

Nur einen Steinwurf entfernt befindet sich die Wasserburg Haus Kemnade. Die Ursprünge dieses Hauses sind nicht überliefert. Sicher ist: Bis 1704 wurde sie nach einem verheerenden Brand in ihrer heutigen Form wieder aufgebaut. Mit einer wertvollen Innenausstattung aus der Renaissance dient die vollständig erhaltene Burganlage nun als Museum und gediegene Gaststätte.

Einkaufen in der historischen Altstadt

Hattingens weitläufige Einkaufs- und Fußgängerzone lockt nicht umsonst auch benachbarte Großstädter an. Hier fügt sich das rege Geschäftsleben harmonisch ins liebevoll restaurierte Stadtbild ein. Rund 150 Boutiquen, Läden aller Couleur, zahlreiche Dienstleister und ein großes Kaufhaus reihen sich aneinander. Im Sonnenschein wirkt die lebendige Kulisse wie ein bunter Basar. Vor allem die vielen Gaststätten, Restaurants und Cafés in der Altstadt machen den Einkaufsbummel zum Vergnügen. Etwa 150 Fachwerkhäuser und Baudenkmäler sind erhalten geblieben und restauriert worden. Um den schiefen Kirchturm der St.-Georgs-Kirche gruppieren sich die engen Gassen, manche Häuser scheinen an den Giebeln zusammen zu wachsen. Gerade der Kirchplatz ist in seiner ursprünglichen Geschlossenheit einmalig in Westfalen. So sorgen die historische Kulisse und das moderne Geschäftsleben in Verbindung miteinander für eine besonders reizvolle Shopping-Atmosphäre. Und obwohl Autos weitgehend aus dem Stadtkern verbannt sind, wird Mobilität in Hattingen groß geschrieben. Zwei städtische Parkhäuser bieten in unmittelbarer Nähe zur Einkaufsmeile ausreichend Stellfläche für alle Besucherfahrzeuge.

Elfringhauser Schweiz

Vom beschaulichen Ruhrtal mit historischen Mühlen und Schleusen sind es nur wenige Kilometer in eine andere Welt. Mit fast voralpin wirkender Hügellandschaft macht das Naherholungsgebiet „Elfringhauser Schweiz" seinem Namen alle Ehre und offenbart die etwas anderen Facetten des Ruhrgebietes:

60 km Rundwanderwege mit Bauernhöfen, die in Hofläden erzeugernah landwirtschaftliche Produkte anbieten, gepflegte Landgasthöfe mit hervorragender Gastronomie und nicht zuletzt das einzigartige Bandwebereimuseum, wo gelernte Bandweber an historischen Webstühlen ihr traditionelles Handwerk zeigen.

Hattingen hat Leben

Innovativ, weltoffen, pulsierend – Hattingen ist nicht etwa ein verträumter historischer Winkel, sondern eine lebendige Stadt mit moderner Infrastruktur und hoher Lebensqualität. Allein im turbulenten Treiben auf den Straßen ist spürbar: Hattingen hat Energie. Hier treffen Sie auf eine ebenso bunte wie blühende Geschäftswelt und auf Unternehmen, die zukunftsweisende Wege gehen. Wohnen und Einkaufen, Arbeiten und Erholung bilden ein vitales Ganzes, das Besucher und Bewohner gleichermaßen begeistert. Aber Hattingen ruht sich nicht auf seinem guten Ruf aus. Stadtentwicklung wird hier als stete Herausforderung für die Zukunft verstanden. Denn Hattingen hat Visionen.

Zu Gast in Hattingen

Wenn Hattingen zu Tisch bittet, dann ist für jeden Geschmack etwas dabei. Von Currywurst extrascharf bis Fasanenbrust, von Hausmacher-Erbsensuppe bis Lachs in Champagnergelée, von morgens am opulenten Frühstücksbüffet bis abends beim zünftigen Bier – in Hattingen können Sie sich rund-

herum verwöhnen lassen. Hier genießen Sie erholsame Tage voller Eindrücke und Gaumenfreuden: beim Bummel durch die bunte Geschäftswelt in der Altstadt, auf Schlemmerreise durch die zahlreichen gemütlichen Restaurants, Kneipen und Cafés, beim Ausflug ins Mittelalter oder in die reiche Natur.

Kultur

Auch Kulturfreunde kommen in Hattingen voll auf ihre Kosten. So bietet zum Beispiel das zur Städtischen Galerie ausgebaute und sensibel restaurierte Alte Rathaus im historischen Kern der Stadt eine Fülle kultureller Ereignisse: Ausstellungen, Kleinkunstveranstaltungen wie Kabarett, Lesungen, Kammerkonzerte und andere musikalische Darbietungen etwa. In der warmen Jahreszeit wird die Fußgängerzone im Rahmen des Hattinger Altstadtsommers durch viele bunte Veranstaltungen zusätzlich belebt. Einmal im Jahr steigt als besonderes Highlight das Hattinger Altstadtfest. Drei Tage wird Tausenden von begeisterten Besuchern ein einmaliges Programm mit viel Bühnenzauber und Live-Musik aller Stilrichtungen geboten.

In Hattingen kann man sage und schreibe zehn Museen besuchen. Darunter mit dem Westfälischen Industriemuseum Henrichshütte, dem Feuerwehrmuseum und dem Stadtmuseum Hattingen in Blankenstein drei überregional bedeutsame.

2001 konnte das Stadtmuseum Hattingen in Blankenstein eröffnet werden. Hoch über der Ruhr, in unmittelbarer Nachbarschaft zur Burg Blankenstein, wurde hinter den eleganten Sandsteinfassaden historischer Amtshäuser auf einer Fläche von 600 qm eine eindrucksvolle Dauerausstellung zur Kultur- und Stadtgeschichte installiert und darüber hinaus viel Platz geschaffen für abwechslungsreichen Kunstgenuss.

Wem das nicht reicht: Jedes der 130 höchst unterschiedlichen Museen des Ruhrgebiets ist von Hattingen aus hervorragend zu erreichen. Besucher des „Starlight-Express" in Bochum, der Gruga-Halle in Essen und der Westfalenhalle in Dortmund – um nur drei international renommierte Kulturorte zu nennen – können nach dem Kulturspektakel ihrer Wahl in Hattingens Hotels ruhig schlafen.

Zwischen Tradition und Moderne

Vom Wald zum Wasser. Von der Shoppingmeile ins Museum. Vom Mittelalter mitten ins Leben. Kleine und große Kulissenwechsel machen eine Reise nach Hattingen zum Erlebnis. Mit ihren zahlreichen Fachwerkhäusern und den romantischen Gassen stehen die beiden historischen Ortskerne im Zentrum der Stadt und in Blankenstein, für den Traditionsreichtum im Revier – aber auch für die moderne Einkaufstour und den klassischen Kneipenbummel. Zahlreiche Museen, imposante Burgen und große Events wie „Kemnade international" und das berühmte Hattinger Altstadtfest sind weitere Anziehungspunkte dieser so modernen weltoffenen Stadt mit magischer Historie. Auf dem Weg zur Kulturhauptstadt 2010 etabliert sich das Ruhrgebiet einmal mehr als einzigartige Kulturlandschaft im Zentrum Europas. Und mittendrin: Hattingen.

Zum Schluss noch ein praktischer Hinweis: Alle Adressen, Öffnungszeiten etc. sind im Serviceteil am Ende des Buches zusammengefasst. Im Übrigen lohnen sich immer ein Blick und ein Klick auf **www.hattingen.de.**

Was war

Im Jahre 1996 feierte Hattingen bereits 600 -
jähriges Stadtjubiläum. Sechs ereignisreiche Jahrhunderte, die viele Höhen und Tiefen für Hattingen
und seine Einwohner mit sich brachten.

Ein Blick in die Stadtgeschichte

Nach der Unterwerfung der Sachsen durch Karl den Großen entwickelt sich aus der Siedlung „Hatneghen" ein fränkischer Reichshof mit etwa 20 Unterhöfen im heutigen Hattinger Umland. Als im Jahre 1019/20 die Schenkung des Reichshofes an die Benediktinerabtei Deutz von 1005 bestätigt wird, ist dies die erste urkundliche Erwähnung Hattingens. 1147 werden die Besitzverhältnisse aufgezeichnet, und der heutige Ortsteil Niederwenigern findet erstmalig Erwähnung.

1193 wird Graf Adolf von Altena zum Erzbischof von Köln gewählt. Gemeinsam mit seinem Bruder Arnold lässt er auf dem Isenberg die „Burg Isenberg" errichten, eine der größten Burgen Westdeutschlands. Ihre kurze Geschichte ist mit dem Konflikt zwischen dem nachfolgenden Erzbischof, Engelbert von Köln, und dem Sohn Arnolds, Friedrich von Isenberg, untrennbar verbunden. Dieser Streit um die Vogteirechte am Reichsstift Essen endet mit dem Tod des Erzbischofs

im Hohlweg zu Gevelsberg am 7. November 1225. Eine Tat, die nicht ungesühnt bleibt, denn schließlich ist Engelbert nicht nur Erzbischof von Köln, sondern auch Reichskanzler und Erzieher des kaiserlichen Sohns: Über Friedrich von Isenberg werden Reichsacht und Kirchenbann verhängt - seine Burg auf dem Isenberg wird noch im Winter 1225/26 zerstört. Am 14. November 1226 wird er als Hochverräter in Köln durch das Rad hingerichtet.

Friedrichs Vetter, Graf Adolf von der Mark, manifestiert seinen Anspruch auf das Isenberger Erbe durch den Bau der Burg Blankenstein in Sichtweite der zerstörten Isenburg. Hattingen gerät in einen Interessenkonflikt zwischen dem neuen Landesherrn und der Kölner Abtei Deutz als Grundherren. Gegenseitige Überfälle und Brandschatzungen sind die Folge. Mit der Erwählung des Grafen von der Mark als Schirmherr für Hattingen löst Deutz das Problem und wendet damit den drohenden Verlust Hattingens ab. Die Grafen von der Mark stärken die Siedlung Hattingen nun wirtschaftlich und militärisch durch die Verleihung zahlreicher Privilegien, eine formelle Stadtrechtsverleihung wird jedoch nicht durchgeführt. Als Zeitpunkt für die Stadterhebung wird heute der Befestigungsvertrag von 1396 angesehen. Durch die Wahrnehmung der verliehenen Privilegien – wie

das Weinzapfen, die Erhebung von
Wegegeld, Kornakzise, Gründung der
Gilden, Rechte an der landesherrlichen
Fleischhalle und nicht zuletzt das
Marktrecht im Jahre 1435 – vollzieht
sich die Stadtwerdung schrittweise
über einen Zeitraum von etwa 100
Jahren. Ab 1486 dürfen Bürgermeister
und Rat eigene Gesetze und Statuten
erlassen. Mit diesem hohen Grad der
Selbstverwaltung gilt die Stadtwer-
dung Hattingens als abgeschlossen.

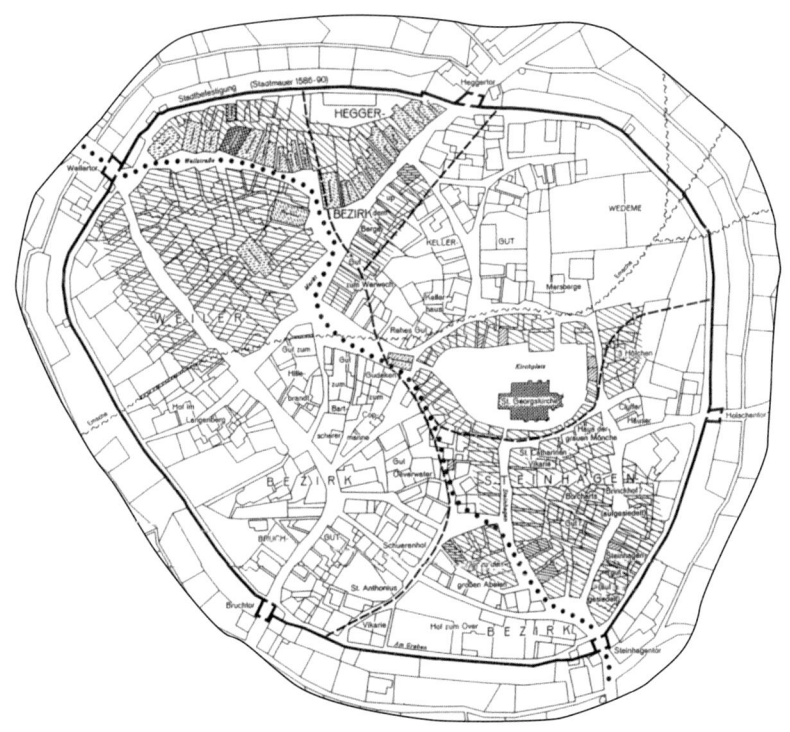

Hattingen entwickelt sich zu einem wichtigen Handelszentrum. Kriegerische Ereignisse führen zwischen 1424 und 1445 allerdings wiederholt zu massiven Zerstörungen, von denen sich die Stadt nur langsam erholt. Seit 1554 gehören Hattingen und der heutige Ortsteil Blankenstein nachweisbar der Hanse an. Aus dieser wirtschaftlichen Blütezeit ist eine Vielzahl von Fachwerkhäusern in der Hattinger Altstadt erhalten. Pestepidemien und Kampfhandlungen als Vorboten des 30-jährigen Krieges setzen dem Wohlstand ein Ende.

Im 18. Jahrhundert entwickelt sich Hattingen zu einer bedeutenden Textilstadt. Und auch der Bergbau erhält durch die Schiffbarmachung der Ruhr immer größere Bedeutung. Zu Beginn des 19. Jahrhunderts verabschiedet sich Hattingen unter Napoleon von vielen mittelalterlichen Strukturen. So werden die Gilden aufgelöst, die allgemeine Gewerbefreiheit wird verkündet und in den Städten die Erhebung von Akzisen abgeschafft. 1810 fällt die Entscheidung, die Stadtmauer abzutragen und mit dem Material die städtischen Wege zu pflastern. Die St.-Georgs-Kirche wird von einer gotischen Hallenkirche zu einer modernen klassizistischen Kirche umgebaut, viele alte Fachwerkhäuser dem Zeitgeist entsprechend renoviert. Es folgt der befestigte Ausbau wichtiger Verbindungsstraßen im Hattinger Raum. Wirtschaftlich kommen jedoch erneut schwere Zeiten auf Hattingen zu, da die bis dato florierende heimische Textilherstellung mit der internationalen Mechanisierung nicht Schritt halten kann und viele Heimarbeiter ihre Anstellung verlieren.

Die Entdeckung des Hattinger Spateisensteins, eines sehr wertvollen Eisenerzes, führt 1854 zur Gründung der Henrichshütte. Die Schwerindustrie hält Einzug. 1869 erhält Hattingen infolgedessen Anschluss an die Eisenbahn, die in kurzer Zeit die Ruhrschifffahrt als Massentransportmittel ablöst. Durch Einrichtungen wie Gas- und Wasserwerk oder die Versorgung mit elektrischem Licht im Jahre 1907 erfährt die Infrastruktur in der Stadt ständige Verbesserungen. Bereits zu dieser Zeit werden Modernisierungspläne geschmiedet: Die Große Weilstraße wird mit

R?

modernen Gebäuden bebaut, und auch die Verwaltung erhält vor den Toren der Stadt ein neues Rathaus. Der Abbruch des Alten Rathauses, heute ein Kleinod, konnte gerade eben verhindert werden.

Im Zweiten Weltkrieg wird die Altstadt bei den Luftangriffen auf die Henrichshütte erheblich beschädigt, das Krämersdorf und die Horst werden vollständig zerstört. Die Nachkriegsjahre verbringt man mit Reparatur- und Wiederaufbauarbeiten. In den 60er Jahren werden erste Pläne zur Sanierung der historischen Altstadt vorgelegt, die aber erst mit der kommunalen Neugliederung 1970 realisiert werden können. Die anfängliche Begeisterung für flächenhaften Abbruch und moderne Neubebauung weicht schon bald der Einsicht, die alte Bausubstanz erhalten zu wollen.

Die 1980er Jahre sind in der Region vom Kampf um Arbeitsplätze geprägt. Die Stahlkrise und damit verbunden die Schließung wichtiger Industriebetriebe wie unter anderem Hattingens Hauptarbeitgeber, der Henrichshütte macht einen umfassenden Strukturwandel erforderlich. Auf dem Weg aus der Monostruktur spielt der neue Gewerbe und Landschaftspark „Henrichs Gewerbepark" eine richtungsweisende Rolle. Neugestaltungen von Straßen und Plätzen, auch in den Ortsteilen, zeugen von der Aufbruchsstimmung nach der Krise.

Geschichte auf einen Blick

990 Hof von Hattingen: Fränkischer Zusammenschluss von etwa 20 Höfen im Gau der Hattuarier ist ein „curtis imperii" (Reichshof) mit Eigenkirche **1019** König Heinrichs schenkt seinen Reichshof Hattingen dem Kloster Deutz **1193-99** Burg Isenberg (Isenburg) erbaut **um 1200** Neubau der St.-Georgs-Kirche in Hattingen **07.11.1225** Überfall und Tod des Erzbischofs und Reichskanzlers Engelbert von Köln **1225/26** Zerstörung der Isenburg **1227-30** Burg Blankenstein erbaut **1249** Erste Münzprägung in Hattingen unter Graf Engelbert v. d. Mark **1319** Erste Erwähnung der Hattinger Ruhrbrücke **1321** Bochum erhält die Stadtrechte auf Burg Blankenstein **1350** Hattingen wird Freiheit. Vorstufe zur Stadtwerdung **1355** Freiheitsrechte für Blankenstein bestätigt **1396** Befestigungsvertrag. Hattingen wird Stadt **1406** Privileg des Weinzapfens **1407** Verleihung des Wegegeldprivilegs **1412** Gründung der ersten 3 Gilden **1420** Fleischhalle vor dem Kirchplatz **1424-45** Hattingen wird durch kriegerische Ereignisse mehrmals völlig zerstört **1435** Verleihung des Wochen- und Jahrmarktprivilegs **um 1450** Wiederaufbau der St.-Georgs-Kirche ist abgeschlossen **1470-86** Verleihung weiterer Privilegien zur Stärkung der Stadt **1486** Verleihung des Rechts, eigene Gesetze und Statuten zu erlassen. Stadtwerdung Hattingens gilt als abgeschlossen **1486** Nach einem Hochwasser verlegt die Ruhr bei Haus Kemnade ihr Flussbett **1542** Pestepidemie **1550-1620** Blütezeit Hattingens, Hattingen und Blankenstein Mitglied der Hanse **1576** Altes Rathaus erbaut **1582** Die Reformation in Hattingen gilt als abgeschlossen **1586-90** Erneuerung der Stadtbefestigung in Bruchstein **1589** Haus Kemnade wird durch Brand zerstört **1631-33** Letzte große Pestepidemie **1635** Schwedische Belagerung. Nach zehn Tagen muss sich die Stadt ergeben **1662** Burg Blankenstein wird abgebrochen **1665** Großbrand in Blankenstein **1704** Wiederaufbau von Haus Kemnade abgeschlossen **1728** Umbau des alten Weinhauses am Krämersdorf zur reformierten Johannis-Kirche **1757-62** Französische Truppen in Hattingen **1767** Gilde der Miscellan- und Flanellmacher. Textilherstellung wird zur bedeutendsten Erwerbsquelle **1772-80** Schiffbarmachung der Ruhr für den Kohletransport **1808** Gethmannscher Garten in Blankenstein angelegt **1809** Einführung der allgemeinen Gewerbefreiheit **1810** Auflösung der Gilden, Abbruch der Stadtbefestigung, Umbau der St.-Georgs-Kirche **1818** Aufhebung der Binnenzölle **1820-50** Ausbau wichtiger Ausfallstraßen zu Kommunal-Chausseen

1854 Gründung der Henrichshütte durch Graf Henrich zu Stolberg-Wernigerode. Die Stahlindustrie entwickelt sich zum Hauptarbeitgeber **1861** Inbetriebnahme der Gasanstalt **1869** Eröffnung der Eisenbahnstrecke Steele-Hattingen-Henrichshütte **1875** Inbetriebnahme des Wasserwerks an der Koppel **1885** Gründung des Kreis Hattingen **1890** Die Ruhrschifffahrt bei Hattingen wird endgültig eingestellt **1899** Gründung der Hattinger Wohnstättengenossenschaft (HWG) **um 1900** Erste Stadterneuerung durch „moderne" Neubauten (z.B. Große Weilstr.) **1907** Elektrisches Licht in Hattingen **1909** Gründung der Baugenossenschaft „Gartenstadt Hüttenau eG" **1910** Einweihung des Neuen Rathauses **1921** Stadt Bochum kauft Haus Kemnade **1922** Stadt Bochum kauft Burg Blankenstein **1929** Auflösung des Kreis Hattingen. Hattingen wird Teil des Ennepe-Ruhr-Kreises **1945** Bombenangriff auf Hattingen, erhebliche Zerstörungen auch in der Altstadt **1956-62** Sanierung des abbruchreifen Bügeleisenhaus als erstes Einzelobjekt **1969** Einweihung des 1. Abschnitts der autofreien Fußgängerzone **1970** Kommunale Neuordnung: Bildung der Neuen Stadt Hattingen aus den Gemeinden des Amt Hattingen und Amt Blankenstein. Beginn der Altstadtsanierung **1976** Eröffnung des Karstadt-Warenhauses **1981** Museumszug zwischen Hattingen und Wetter-Oberwengern eröffnet **1987** Schließung der Henrichshütte **1989** Hattingen wird in die „Arbeitsgemeinschaft Historische Stadtkerne in Nordrhein-Westfalen" aufgenommen **1992** Blankenstein wird in die „Arbeitsgemeinschaft Historische Ortskerne in Nordrhein-Westfalen" aufgenommen **1996** Stadtjubiläum 600 Jahre Hattingen **1999** Abbruch der ehemaligen Seilwerke Puth in Blankenstein **1999** Nikolaus-Groß-Museum in Niederwenigern eröffnet **1999** Altstadtrundgang fertiggestellt **2000** Westfälisches Industriemuseum Henrichshütte eröffnet **2001** Stadtmuseum in Blankenstein eröffnet **2002** Neugestalteter Marktplatz in Blankenstein eingeweiht **2002** Neue Ruhrbrücke für den Verkehr freigegeben **2003** VSG geschlossen. Endgültiges Ende des Stahlstandortes Hattingen **2005** Strecke des Museumszugs bis Hagen-Hauptbahnhof verlängert **2006** Das Ruhrgebiet wird zur „Kulturhauptstadt 2010" proklamiert **2006** Ruhrtal-Radweg von der Quelle bis zur Mündung fertiggestellt **2007** Die Kunstwerke „Wóz" des polnischen Künstlers Zbigniew Fraczkiewicz und die liegende Frauenskulptur „Erwartung" von Heinrich Brockmeier bilden den Auftakt zur Kulturhauptstadt 2010

ein Teil des Handels und ein Teil der Wohnungen wurden umstrukturiert: So kam es dazu, dass in den historischen Zentren in großem Ausmaß abgerissen und neu gebaut wurde. Diese erste Zerstörungswelle wurde mental gefördert vom Ingenieur-Denken, das naiv in den Volksglauben einging: jede Entwicklung beseitigt das Vorhandene. Dialektisch dazu entstand aus der Verlust-Erfahrung eine umfangreiche Bewegung vieler Menschen: der „Heimatschutz". Er wurde jahrzehntelang von den unreflektierten Protagonisten eines Fortschritts diskreditiert.

Kritisch und konstruktiv:
Martin Einsele (1928-2000) und Hattingen_Roland Günter

Hattingen war im bundesdeutschen Westen die erste Stadt, die in der Nachkriegszeit nicht in der üblichen Weise modernisiert wurde: nach dem Kahlschlag-Prinzip. Die Rettung der Altstadt war im wesentlichen das Werk von Martin Einsele und seinem Team. Wenn man sich die Bedeutung dieser Tat vor Augen führen will, muss man sich einen weiten Zusammenhang deutlich machen.

Im ersten Jahrhundert der Industrie-Epoche, im 19. Jahrhundert, wurden vor allem Investitionsgüter produziert, in erster Linie für Infrastrukturen wie Eisenbahnen und Brücken sowie für die Fabriken selbst. Um 1900 entwickelte sich zum ersten Mal eine Produktion von Gütern für den Konsum breiter Schichten. Dieses neue Phänomen erfasste auch die Städte:

Ebenfalls dialektisch zu den Zerstörungen entwickelte sich um 1900 die Denkmalpflege. Bis um 1970 orientierte sie sich jedoch allein an Kirche, Burg und Schloss. Sie kümmerte sich nicht um den Kahlschlag in den Städten.

Dem langsamen Bruch in der Geschichte der Industrie-Epoche folgte knapp eine Generation später ein geradezu schockartiger zweiter Bruch: 1918 in der Katastrophe des verlorenen Krieges, mit dem das Wilhelminische Reich zusammenfiel. Der II. Weltkrieg sorgte dann wenig später dafür, dass die zwischenzeitlich aufgekommenen Möglichkeiten der Moderne, die zum erheblichen Teil im industriellen Bereich liegen, einfach nicht genutzt oder missbraucht wurden - und heute noch werden.

Viele Menschen glaubten, nun müsse der Tisch leer gemacht werden, um etwas ganz Neues zu entwerfen. Man mochte dieses „Tabularasa" Prinzip kurze Zeit für plausibel halten, aber tatsächlich erwies sich dies als einer der tiefgreifendsten Jahrhundert-Irrtümer. Er ist bis heute erst teilweise aufgearbeitet, wozu auch der Fall Hattingen erheblich beitrug.

Nun endet die Mentalität des Krieges nie mit dem formalen Ende des Krieges: Sie läuft noch Jahrzehnte in abgeschwächter Weise weiter. Man kann sie in der Nachkriegs-Zeit entdecken. Da wurde meist nicht wieder aufgebaut, das heißt repariert, wo es Ruinen gab, sondern abgerissen - und an die Stelle dessen mit dem Minimalismus des Kriegsdenkens und der Naivität für Neues banal „Neues" gebaut: Wände mit Löchern.

W. STOREK
1947

Als die Maschinerie der Bauwirtschaft in den 1960er Jahren heiß lief, mit dem Flagschiff „Neue Heimat" (im Volksmund „teure Heimat") wurde das Bundesland in einer Weise kahlgeschlagen, die Josef Lehmbrock, übrigens ein vorzüglicher Architekt, zu dem erhellenden Satz brachte: „Was der Krieg nicht zerstörte, zerstört die Sanierung." Mit immensen Staatsgeldern und schließlich mit dem sogenannten „Städtebauförderungsgesetz" von 1971 radierten Verwaltung und Politik in Nordrhein-Westfalen viele historische Orte, Stadt-Quartiere und zahlreiche historische Siedlungen im Ruhrgebiet geradezu aus.

Es war ein „organisierter Städteabriss". Er wurde mit sprachlich täuschenden Pseudo-Argumenten wie „Sanierung" und „Verkehrs-Verbesserung" sowie „Modernisierung" betrieben. „Sanierung" geriet landauf landab zum gewalttätigen Flächen-Kahlschlag. Sie war eine gigantische Ressourcen-Verschleuderung von privaten und meist noch mehr von öffentlichen Geldern. Entgegen aller Behauptung war sie durch und durch unwirtschaftlich.

Flächennutzungsplan
1961

Nun sind wir an dem Punkt, wo der Name Martin Einsele auftaucht. Die Stadt Unna gibt Einsele mit seinem Team den Auftrag, diese Stadt-Zerstörung zu planen - und es geschieht das seinerzeit ganz Unerwartete: nach profunder Überlegung gibt Einsele diesen Auftrag zurück. Dies wird weithin als Eklat wahrgenommen. „Wir sind ausgestiegen", begründete Einsele diesen Schritt, „weil wir das unserer Selbstachtung schuldig waren". Thomas Rommelspacher, damals mit im Einsele-Team, sprach vom geplanten „Selbstmord der Stadt".

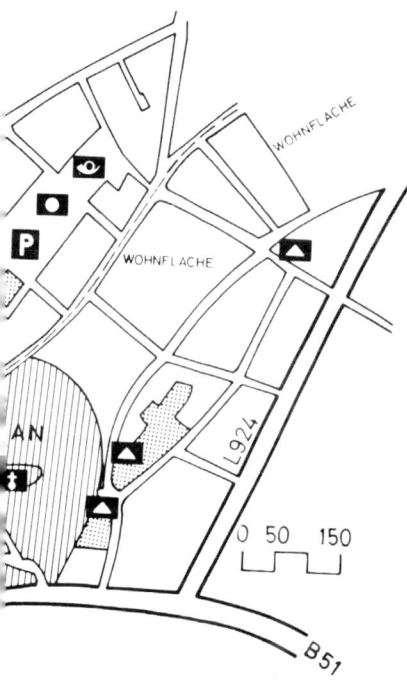

Auch in Hattingen beginnt der Prozess zunächst wie üblich. Der Leitplan aus dem Jahre 1962 programmiert eine Katastrophe: Er gibt die Altstadt als „Sanierungsgebiet" zum Flächenabriss frei - verschont werden nur der Kirchplatz und der Marktplatz. Vor der Altstadt wird ein riesiger Verkehrsknoten angelegt – aus heutiger Sicht eine urbanistische und architektonische Fehlleistung. Um alte Häuser zu ruinieren, werden darin Problem-Familien eingewiesen, um anschließend - in einer Verkehrung von Täter und Opfer - den Bereich als „heruntergekommen" und als „Slum" darstellen zu können.

Stadtdirektor von Hattingen ist in dieser Zeit Hans Jürgen Augstein. Er muss zunächst ausführen, hat jedoch das Gefühl, dass etwas falsch ist. Zudem entsteht Kritik von Bürgern. Hans Jürgen Augstein ist ein planungsaufgeschlossener Verwaltungsmann. Baudezernent Reisinger von der Landesbaubehörde Ruhr hatte ihn gefördert. Die beiden sind freundschaftlich verbunden und diskutieren miteinander. Reisinger gilt als aufgeschlossen und kritisch. Beide erkennen, dass die vorgesehene Planung falsch ist. Reisinger legt Augstein nah, das Büro Einsele einzuschalten.

Martin Einsele: „Wir wurden 1966 als Planer gerufen, als die Stadt schon mit dem Abriss angefangen hatte. Die überausgelegte Straße vor der Altstadt war bereits gebaut. Und die Ruhr, die einst dramatisch unter dem Steilhang lief, erhielt einen anderen Lauf. Die Stadt war gerade dabei, die Altstadthäuser durch eine Veränderungssperre zu ruinieren, niemand durfte mehr zur Erhaltung investieren". Martin Einsele gelingt es, Verwaltung und Politik zu überzeugen, dass es Sinn macht, das noch Bestehende zu erhalten. Es entstand ein neuer allgemeiner Rahmenplan.

Der Dortmunder Unternehmer Tovenrath setzt einen wichtigen Impuls: Er kauft für einige tausend Mark ein altes Haus und richtet es als kleines Hotel mit Gaststätte her - als Vorzeigeobjekt, das viele Menschen überzeugt. Die Veränderungs - Sperre wird aufgehoben. Danach gehen die Kaufleute wieder vernünftig mit ihren Häusern um. Die Ringstraßen-Planung verschwindet in der Schublade - eine Tangente genügt.

Martin Einsele: „Die Straßenbahn wurde aus dem engen Mittelraum herausgenommen, ein neues Verkehrskonzept entstand, die S-Bahn wurde vom abgelegenen Bahnhof in die Nähe der Innenstadt geführt. Die architektonische Ausformung des Verkehrs-Knotens war eine Pleite, damit haben wir nichts zu tun, aber strukturell funktioniert er sehr gut, denn viele Leute kommen von Essen. Mir war der Straßenausbau auch in den Tangenten zu viel, aber das machten die Verkehrsplaner. Als Grundgerüst funktioniert er jedoch gut. Jetzt wird er etwas rückgebaut. Der Impuls von damals läuft weiter, auch aufgrund des allgemeinen Paradigmen-Wechsels. Dass die Planung von Hattingen erfolgreich lief, war der Verdienst einer Strategie: aus einer komplexen Betrachtung eine neue Ordnung zu entwickeln. Nicht nur einzelne Bauten im Blick zu haben, sondern eine Grundstruktur auf eine neue Basis zu bringen.“

1969 ist Hattingen die erste Planung in der BRD, in der eine weitreichende Erhaltung der Altstadt mit einer sensiblen Planung durchgesetzt wurde.

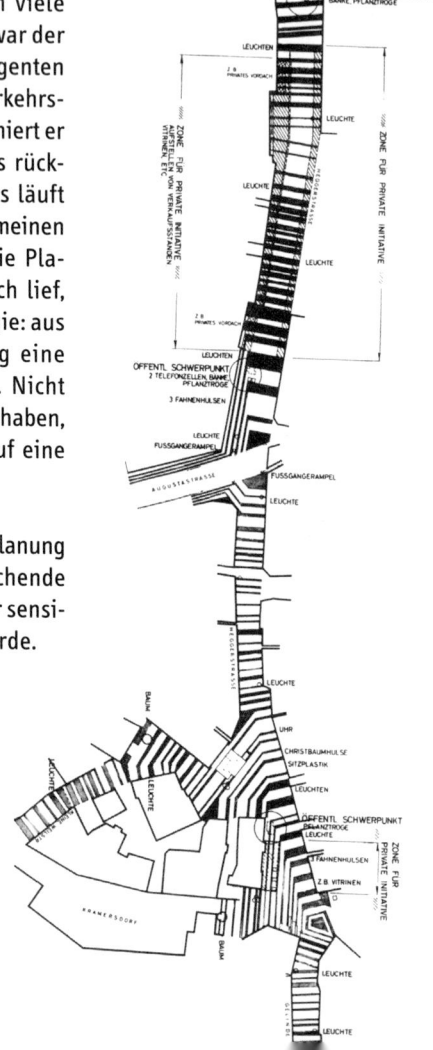

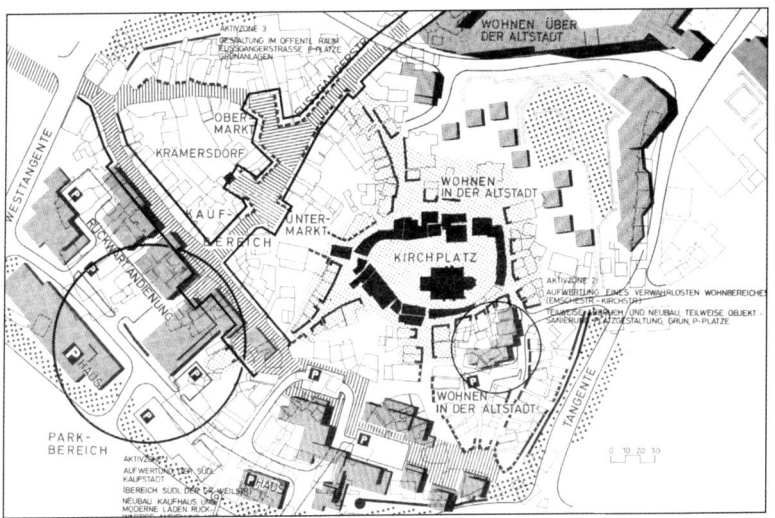

Auf das Beispiel Hattingen berufen sich dann viele Bürgerinitiativen: Hattingen ist ein anschauliches Beispiel,
dass Stadterhaltung realisierbar ist und als schön erfahrbar wird. Diese Bürgerinitiativen sind eine nachhaltige
Folge der 1968er Bewegung. Sie entstehen in konkreten
Bereichen für konkrete Aufgaben und kämpfen mit Mut
und Intelligenz. Sie haben große Erfolge in der Abwehr
von Stadtzerstörung. Beispiele dafür sind Langenberg,
Detmold sowie 50 Bürgerinitiativen, die im Ruhrgebiet
in den 1970er Jahren für eine halbe Million Menschen
1.000 historische Arbeitersiedlungen retten.

Wer war Martin Einsele, dem das Ruhrgebiet so viel
verdankt? Seine wichtigsten Ideen entstanden schon
um 1963. Ein Teil davon wird erst in Hattingen wirksam.
In einer Atmosphäre, in der es zu jedwedem rollenden
Zug nur Zustimmung gab, war in den frühen 1960er
Jahren Martin Einsele die erste kritische Stimme im
Ruhrgebiet.

Der junge Schwabe Martin Einsele kommt 1958 ins Ruhrgebiet, wo die Schornsteine rauchen. Es ist in den 1950er und noch in den 1960er Jahren das Land, wo die Kohle, die damals wichtigste industrielle Energie, aus der Erde geholt wird. Die wirtschaftliche Expansion hat Folgen: Es wird viel gebaut, auch statt kleiner Häuser große Häuser, und die Region asphaltiert. Die Entwicklung ist ambivalent. Zu gleicher Zeit holt das Ruhrgebiet im Bereich der Infrastrukturen Versäumtes nach und überholt die meisten Regionen der BRD. Goldene Jahre im goldenen Westen.

Stadtplaner in Gladbeck

In Gladbeck wird der Architekt Martin Einsele Chef der Stadtplanung, des Hochbauamtes sowie des Bauordnungsamtes. In der boomenden Stadt gibt es viel zu verwalten, noch mehr zu genehmigen und ein weites Feld, in dem Martin Einsele selbst entwerfen kann.

Martin Einsele ist auch ein glänzender Architekt. Für ihn zielt Planen am Ende auf anschauliche Gestalt. Er kritisiert, wo sich Raum- und Stadtplanung zunehmend abstrakter machen. Gleichwohl vermag er glänzend im Abstrakten zu denken, aber bitte im konkreten Fall. Damit bereitet er den Boden für das vor, was später als 68er-Impuls bedeutsam wird.

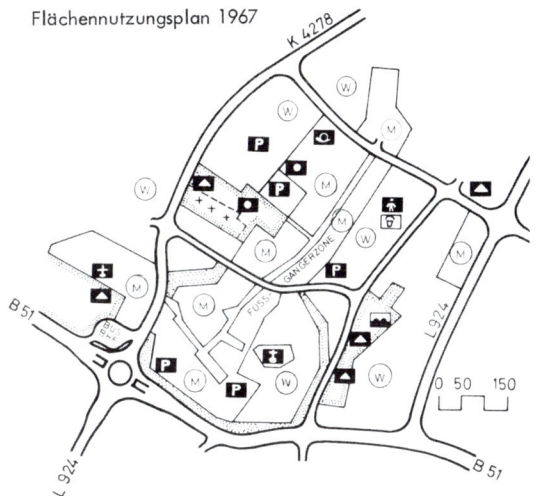

Flächennutzungsplan 1967

Freies Planungsbüro

In dieser Zeit gibt es immens viel zu planen. Daher steigt Martin Einsele 1964 aus der Verwaltung aus und gründet mit Barbara Wameling-Einsele ein freies Planungsbüro. Martin Einsele sammelt mit guter Hand innovative junge Leute. Dieses Team ist einst eine Legende: dazu gehören Jürgen von Reuß, Bruno Schönhagen, Karl Heinz Hülbusch, Thomas Rommelspacher, Robert Bosshard und Barbara Wameling-Einsele. Martin Einsele ist ein ausgezeichneter Moderator: Er pflegt einen komplexen und subtilen, argumentativen Diskurs. Darin werden sowohl Kritik als auch praktische Alternativen formuliert.

Abstrakter Utopismus der 1960er Jahre

Die meisten Planer gehen in den 1960er Jahren arbeits-besessen und erfolgreich dem Zeitgeist auf den Leim. Wachs-tum, grenzenlos, immer geradeaus, größer, höher, schneller: Investoren-Architektur, Container-Moderne – mit dem Motto >Länge mal Breite mal Geld<. Was sich dem 6 b-Bleistift beim Skizzieren in den Weg stellt, wird abgeräumt: Flächen-Kahl-schlag. Die Masken heißen: „Sanierung", „Stadterneuerung", „Städtebauförderung".

Entmystifizierung der Wachstums-Ideologie

Martin Einsele ist der erste, der sich in der Nachkriegszeit im Ruhrgebiet zu diesen Entwicklungen kritisch äußert. In einem Beruf, in dem Anpassung Triumphe feiert, riskiert er den Kon-flikt: Er stellt die offiziellen Planungsmaximen in Zweifel. Dies geschieht in einer Dekade, die später der 68er Barde Franz Josef Degenhardt ironisch so beschreibt: „Ärmel aufkrempeln, anpacken – ohne nachzudenken". Martin Einsele und sein Team entziehen sich als erste dem Opportunismus dieses Zeitgeistes.

Eine historische Tat: Martin Einsele durchschaut die Wachs-tumsideologie und fordert Nachdenken darüber, dass es nicht nur um Quantität gehen darf, sondern vor allem um Qualität – um qualitatives Wachstum. Als deutlich wird, dass die Region schrumpft, stellt Martin Einsele auch eine weitere Frage, die ein striktes Tabu durchbricht: Wie kann die Region qualitativ abwachsen? Als einer der ersten widerspricht Martin Einsele dem folgenreichen Irrtum der Moderne: der reduktionistischen Kahlschlag-Moderne – dem Abräumen des Tisches zum Planen. Er arbeitet gegen die Kahlschlag-Sanierung in den alten Städten. In Unna steigt er aus – demonstrativ. In Hattingen gelingt ihm 1966/1969 die Wende: Hier entsteht die erste behutsame Stadt-erhaltung. Die Altstadt von Hattingen steht am Beginn der Ret-tung der historischen alten Städte.

Martin Einsele ist der Weg-
bereiter einer völlig anderen
Planungsmethode: eines neuen
Potential-Denkens. Darin gelten:
Respekt vor Gewachsenem, mit
Gewachsenem weiter arbeiten
und entwickeln, aus dem Alten
Neues schöpfen, Neues neben
das Alte setzen.

Martin Einsele steht auch in Kontakt zu zahlreichen
Bürgerinitiativen im Ruhrgebiet. Den wichtigsten Impuls für einen Wechsel der Maßstäbe (Parameter) gibt in
dieser Auseinandersetzung die Entdeckung des Alltags
- in den Erfahrungen von Bürgerinitiativen und mit Hilfe
einer Reform der Kulturanthropologie (Volkskunde).

Plädoyer für die Empirie

Die 1960er Jahre sind die Jahre des großen Überfluges, aber nicht der Empirie. Martin Einsele vermisst die sorgsame Empirie bei Wissenschaftlern und Planern. „Guckt euch genau an, worüber ihr redet!" lautet sein unentwegtes Plädoyer - leise, fast bittend vorgetragen. Damit bereitet er den Wechsel der Maßstäbe vor: um 1980 beginnt in NRW die Ära der Geografen, im neuen Städtebauministerium umgesteuert und dirigiert vom Geographen Karl Ganser und vom sorgfältigen Minister Christoph Zöpel. Martin Einsele: „Die Geographen sind an genauerer Wahrnehmung interessiert. Durch genauere Betrachtung und Analyse vor Ort kommt man zu anderen Ideen als am Schreibtisch."

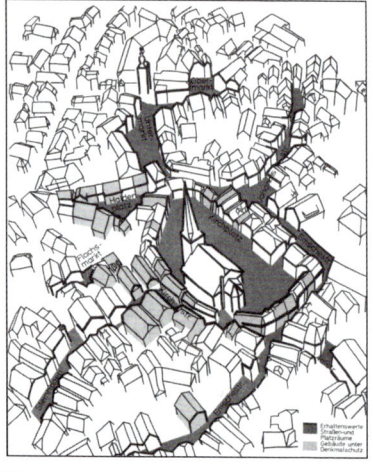

Erfolge und Rückschläge

Das Projekt Unna war für Martin Einsele „furchtbar - eine Katastrophe." Aber darin wurde das Grundprinzip deutlich. „Wir machten viele Gutachten, kamen aber nicht viel zum Zuge." Der Grund: Die Pioniere haben es sehr schwer. „Wulfen. Ich schrieb: stoppen! Das kam am Ende auch so. Ich schlug vor: Umpolen in seiner Funktion und Wertigkeit zu einem Wohn- und Gewerbe-Stadtteil mit besonderer Qualität am Rand des Ruhrgebietes."

Aktivzone 2: Neubau von Wohnungen im Sanierungsgebiet
"Emsche"
oben: Baustufen, Mitte: Bestand,
unten: Skizze Gebäudeabwicklung

„In Duisburg gewann ich mit Müller-Zantop im ersten Verfahren den Wettbewerb für den alten Hafen. Zum zweiten Verfahren wurden wir nicht mehr eingeladen. Später haben die Engländer dasselbe gemacht." Das Konzept für die Beisenkamp-Siedlung in Datteln wurde zunichte gemacht. Die subtile Satzung durfte nicht weiterverfolgt werden - das Ergebnis: eine der schönsten Ruhrgebietssiedlungen wurde zernagt.

Martin Einsele: „Ähnliches wie in Hattingen, nicht so weit in die Realisierung hinein, konnten wir in einigen Mittel- und Kleinstädten vorschlagen. Meist mit schlechter architektonischer Ausführung. Ein Problem - auch im Ruhrgebiet: Es gab nicht viele gute Architekten."

Gegen den Strom - und doch Erfolg

Was aus dem Planungsdenken von Martin Einsele wurde, wissen wir. In manchen Orten setzte es sich halbwegs durch. Die Gegen-Macht, die dies einforderte, ging vor allem von der Bürgerinitiativen-Bewegung aus. Das Potentialdenken Martin Einseles lebt in den 1970er Jahren in Hardt-Walter Hämers IBA-Strategien für Berlin-Kreuzberg, in den 1980er Jahren in Christoph Zöpels Tätigkeit als Minister für Stadtentwicklung in Nordrhein-Westfalen und in den 1990er Jahren in Karl Gansers IBA Emscher Park weiter.

Der sogenannte „Affenfelsen" am Obermarkt war in den 1970er Jahren ein beliebter Treffpunkt für Jugendliche. Heute steht dort der Treidelbrunnen.

Manchmal fragt man sich, wie Menschen dazu kommen, so stark gegen den Strom zu schwimmen? Martin Einsele ist keiner von den aggressiven Dynamikern. Der Impuls stammt aus seiner Sozialisation und aus seinem Charakter: ein Mensch, der sorgsam mit anderen umgeht, heult nicht mit den Wölfen in einem Planungsgeschehen, dessen oberste Maxime das abräumende Zerstören ist. In einer künstlichen Region wie dem Ruhrgebiet, die von der industriellen Dynamik geprägt ist, scheint subtiles Verhal-ten eher unterzugehen. Aber Martin Einsele hat mit Klugheit und List seine Kugel ins Spiel gebracht und das Glück gehabt, dass sich wenig später ein immenser Widerstand gegen das Abräumen und Hochziehen bildete.

Stationen

Martin Einsele, Mitglied des Deutschen Werkbunds, wird als Professor an die Universität Dortmund berufen. Dann folgt er einem Ruf nach Darmstadt und später einem Ruf nach Karlsruhe als Nachfolger von O. E. Schweitzer.

Martin Einseles Faible war die Landschaft: als Feld für genießende Erkenntnis durch genaues Hinschauen. Landschaften waren auch seine drei selbst entworfenen Häuser: erst in Gladbeck, dann in Darmstadt und schließlich in Karlsruhe. Dort steht es als letztes in der Reihe der Werkbund-Projekte im geschundenen „Dörfle" in der Karlsruher Stadtmitte. Darin richtete er sich seine irdischen Paradiese ein: Wunderwerke an Szenerie und holländisch durchsichtig. Nach Gerrit Rietvelds Haus in Utrecht ist sein selbstentworfener szenen-reicher Wohnturm das schönste Haus, das ich kenne. Ich hatte das Vergnügen, mit ihm und einer Studentengruppe aus Karlsruhe eine subtile und vielschichtige Untersuchung in der toskanischen Stadt Anghiari zu machen: zu Lebensqualitäten. Daraus entstand eine Publikation, unter anderem mit seinen Zeichnungen. Die kleinsten Details waren ihm wichtig. Das zeigen auch die Bank und der Tisch vor meinem Haus in Anghiari und die im Haus ausgestellten detail-lierten Entwürfe von ihm.

Martin Einsele lebte mitten in der Stadt Karlsruhe, genoss es, le-diglich fünf Minuten zu seiner Arbeit laufen zu müssen. Als Charak-ter war er leise, sehr menschlich, ohne Zeigefinger, er konnte jedoch eindrucksvoll argumentieren, mit großer und entschiedener Autorität für Werte. Er liebte Ideen aus unterschiedlichen Sichten.

Martin Einsele verstand seine schöne Erde zu genießen. Er war auch ein Freund des guten roten Weines. Bis zum letzten Augenblick luzide und genießend, verließ er die schöne Erde, die er liebte, mit 72 Jahren - so wie er gelebt hatte: wissend - auch um seinen Tod, still, mit einer Würde, die erstaunen ließ. Er starb in seinem Haus. Seine Asche liegt in der Schweiz, auf einem hohen Berg. Er liebte die Berge.

Martin Einsele bleibt eine Herausforderung

Seine Lebensleistung lässt sich mit einigen Stichworten charakterisieren: Kritik. Subtile Beobachtung. Gegen Großmaßstäblichkeit setzte er menschliche Maßstäbe. Er dachte die Metropole dezentral. Darin war auch Landschaft aufgehoben.

Er war ein Stadtplaner des klassischen Entwerfens - mit dem sinnenfreudigen Erleben der Stadt - eine Konzeption, die hoffentlich nicht in der Abstraktheit neuer Studien untergehen wird. Das war einst Zukunft und wird wieder Zukunft werden. Einseles Tätigkeit ist sowohl prophetisch wie impulsgebend weit über seinen Tod hinaus - bis heute und als Zukunftsüberlegungen. Sein Ausgangspunkt war das, was wir heute Potentialdenken nennen. „Darin ist er einer der Vorläufer, die im Städtebau die Ära Zöpel mit der Umsteuerung 1981" und die IBA Emscher Park (1989 /1999) vorbereiteten. Gerd Seltmann, der mit Karl Ganser die IBA Emscher Park aufbaute und in den 1990er Jahren eine ähnliche IBA in Sachsen-Anhalt leitete, sagte mir einmal im Bauhaus in Dessau: Der Vorteil des Ruhrgebietes gegenüber Sachsen-Anhalt war, dass es vorbereitete Leute in den Bürgerinitiativen und im Planungsbereich gab.

Martin Einseles Intuition, Orientierung und Methode war historisch alt und zugleich zukunftsweisend neu. Auch damit durchbrach er das banale Schema ideologisierter Geschichtstheorie: dass Entwicklung nur geradeaus führt. Und linear nach oben. Potentialdenken ist anstrengend. Es erfordert: Einsichten in das „Anderssein des anderen" (Theodor W. Adorno), Anteilnahme, erweiterte Blicke, die Fähigkeiten des Staunens, der Kooperation, des Interdisziplinären.

So hat Martin Einsele auch an dem Wichtigsten, das in den letzten 20 Jahren im Ruhrgebiet geschaffen wurde, Anteil gehabt, ohne noch persönlich dabei zu sein. Martin Einsele: „Manches hat sich vertieft und entwickelt. Aber sie tun nicht, was sie wissen."

In der Stadtplanungsgeschichte des Ruhrgebietes hat er einen unübersehbaren Platz.

Was ist

Auch heute noch ist die 600 Jahre alte Stadtgeschichte spürbar. Das mittelalterliche Flair der gut erhaltenen Altstadt und des historischen Ortskerns Blankenstein paart sich mit attraktiven Aspekten der Moderne.

Die Altstadt: eine Wohnstube für die Bürger_Gerhard Ullmann, Berlin

Die renovierten Fachwerkhäuser der Altstadt von Hattingen wirken gepflegt; hinter ihrer strahlenden Sauberkeit kann man bisweilen die Schönheit der Maßordnung entdecken. Mit einem gewissen Stolz – und wohl auch zu Recht – verweist der historische Stadtführer von Nordrhein-Westfalen auf die 150 denkmalgeschützten Gebäude, die der Hattinger Altstadt ein hohes Maß an Authentizität garantieren.

Steile Dächer, überraschende Raumeindrücke: Wie ein aufgeschlagener Fächer präsentiert die Altstadt ihre farbenprächtigen Fassaden. Ein Bürgertraum? Die Altstadt als große Stube, in der man den Passanten freundlich empfängt? Ein Stadtbild mit Charme: Blickachsen korrespondieren mit Raumbeziehungen – die Stadtplaner haben solche Raumqualitäten rasch aufgegriffen. Die dicht gedrängten Fachwerkhäuser, die eine Vielzahl an Bildmotiven für Touristen liefern, sind aber ebenso grafische Zeichenträger für die Struktur der Altstadt. Im strengen Reglement der Bauflucht spürt man noch die Raumordnung des Mittelalters, und in der sprossenreichen Fenstergliederung lebt noch die kleinteilige Maßordnung vergangener Zeiten. Fassaden sind allgegenwärtige Zeitspiegel, die den Blick zur Vergangenheit öffnen, aber auch eine bestimmte Form der Kommunikation zwischen privatem und öffentlichem Raum signalisieren.

Ein kurzes Gespräch, ein Blick von Tür zu Tür, ein geöffnetes Fenster: Banale Alltagsbotschaften, von denen die Bürger leben. Diese fast mediterane Lebensart, sich im Zwischenbereich von Höfen, Gassen und Passagen wie in einer großen Wohnstube zu bewegen, solche Spielräume schaffen Kontakte, die die Stadt als Kommunikationsort braucht: Nicht nur Bilderraum, sondern auch Lebensraum ihrer Bürger zu sein.

Die Altstadt von Hattingen umfasst mit ihrem 12 ha großen historischen Stadtkern nur etwa ein
Hundertstel der gesamten Stadt-
fläche. Aber das Erstaunliche: Dieser kleine hochverdichtete inner-
städtische Kern besitzt genügend
Ausstrahlungskraft, um der Stadt
ihre geschichtliche Identität und
damit auch ein Stück Zukunft zu
sichern. Vielleicht lag es an der
Einsicht einiger weitblickender
Stadtplaner, mit der Raumqualität historischer Stadträume phan-
tasievoller und sorgfältiger zu arbeiten, denn hier wurde schon
früher als anderswo Objektsanierung statt Kahlschlagsanierung
betrieben und stärker auf die Ab-
folge von Plätzen geachtet. Touristen konzentrieren ihr Augenmerk
auf schmucke Fassaden, doch das
Kapital historischer Städte beruht
auf ihrer räumlichen Struktur. Es
ist die Raumfolge von Straßen und
Plätzen, aber auch die Maßstäblich-
keit, deren Charme man sich nicht
entziehen kann.

heit vertraut man mehr einer billigen Unterhaltungsbranche und einer Kleingastronomie: Ein Fehlgriff, den man mit sehr großem Bedauern registriert.

Immerhin verweist die Stadt auf eine erstaunliche Sanierungsbilanz: Mit dem Leitplan von 1962, der die gesammte Altstadt zum Sanierungsgebiet erklärte, versuchte man, der Verslumung entgegen zu wirken und zugleich den Durchgangsverkehr heraus zu nehmen. Heute ist es der ruhende Verkehr, der Sorge bereitet. Es liegt somit im Interesse einer auf Revitalisierung ausgerichteter Sanierungspolitik, mit Hilfe eines fußgängerfreundlichen Verkehrskonzeptes die Wohnqualität aufzuwerten.

Renovierte Altstädte binden Gefühle, spiegeln in ihren bunten Fassadenbildern einen Teil der Vergangenheit wider. Es ist das sorgsam gepflegte Bild der guten Stube, mit dem man Plätze und Orte belegt. Doch bisweilen sind es gerade Ungeschicklichkeiten oder Nachlässigkeiten, die das allzu geschönte Historienbild korrigieren.

Der wohlproportionierte, in ein Oval gefasste Platz der St.-Georgs Kirche im Zentrum der Altstadt ist ein Beispiel dafür, dass man Raumqualität nicht wirklich zu nutzen versteht. Anstatt der Ruhe und der Zurückgezogen-

Doch behutsame Stadterneuerung umfasst mehr, als die Ordensregeln der Denkmalpflege einzuhalten. Stadtsanierung erfolgreich zu betreiben, das bedeutet Konfliktpunkte zu bereinigen, den Strukturwandel von einer Industrie- zu einer Dienstleistungsstadt zu beschleunigen.

Differenzierte Übergänge, der überraschende Wechsel von Enge und Weite, der tiefe Einblick in einen Platz: Die Altstadt Hattingens besitzt eine erstaunliche Raumdichte, die man wie ein Bühnenbild nutzen kann. Bereits geringe topographische Höhenunterschiede werden bewusst erlebt, die herausragende Stellung des Kirchplatzes durch die schmalen Torpassagen noch gesteigert.

Plätze und Straßen werden von Generation zu Generation verschieden genutzt und erhalten damit andere Wertigkeiten. Denkmalschützer und Historiker, die nicht zuletzt aus Sorge um die schwindende Altstadtsubstanz für einen Ensembleschutz plädieren, tun sich bisweilen sehr schwer, die Veränderung in der Wertskala einem wirtschaftlichen Verwertungsdruck zuzuschrei-

ben. Wer Qualität erhalten will, muss kulturpolitische Akzente setzen, ohne dabei in ein nivellierendes Gleichmaß subalterner Verordnungen abzugleiten. So wenig es Sinn macht, den ästhetischen Wildwuchs in den kommerziellen Fußgängerzonen mit Gestaltungssatzungen zu beschneiden, so sinnvoll erscheint es, die räumliche Qualität durch eine angemessene Nutzung anzuheben.

Der Weg vom beschaulichen Krämersdorf zu dem belebten Untermarkt, die deutliche Zäsur durch das enge Rathaustor zum weiträumigen Kirchplatz: Wer hier zusätz-

liche gestalttherapeutische Maßnahmen verlangt, der besitzt wenig szenische Vorstellungskraft; eine dosierte Entrümpelungsdoktrin wäre wohl eher angebracht.

Richard Sennet beschreibt diesen Prozess mit dem Begriff von der „Res Publica", und er meint damit den Ort, an dem Öffentlichkeit entsteht und an dem sie stattfindet. Wer sich eine höhere Authentizität und mehr Individualität im öffentlichen Raum wünscht, der muss auf den Kulturtransfer zwischen Stadthistorie und Lebensqualität achten, muss das Risiko eingehen, die Altstadt von überflüssigem Design zu entlasten. Jede Stadt verfügt über eine Reihe symbolhaltiger Zugänge, und so erscheint es durchaus vernünftig, dass viele Dialoge geführt werden, um die Komplexität eines Gemeinwesens zu begreifen. Ist es zunächst der Bewegungsfluss von Straßen, Treppen und Plätzen, dem wir uns anvertrauen, so stimuliert nicht minder der Rhythmus der Fassaden, der plötzliche Wechsel von Enge und Weite oder die Inschrift an einer Hauswand, die uns auffordern, genauer hinzusehen.

Historische Städte beeindru-
cken nicht nur durch ihre Raum-
bildung, sondern sie faszinieren
auch durch die Zeitschichten und
die Möglichkeit, hinter den Mauern die Tiefe des Raumes aus-
zuforschen. So verbindet sich das
sichtbare Bild mit dem Vorge-
stellten, ein Vorgang, der sowohl
für die räumliche Vorstellungskraft als auch für das Geschichts-
verständnis bedeutsam ist. So hat
jede Altstadt ihr eigenes Zeitmaß,
bildet stets neue Zeitinseln im
Stadtgefüge.

Hattingen, das 1996 sein 600-
jähriges Stadtjubiläum feierte,
verfügt über eine räumliche Ma-
trix, auf welche manche Großstadt
neidisch sein könnte. Die Stadt
weist einen räumlich geschlossenen, höchst abwechslungsreichen Grundriss auf. Obwohl der
Altstadtkern nur einen kleinen
Teil des Stadtgebietes ausmacht,
übernimmt dieser kompakte
historische Bereich mit seiner
kleinteiligen Raumstruktur den
Kulturtransfer für die gesamte
Stadt.

Es war ein langer und bisweilen konfliktreicher Weg, der mit der Entscheidung von 1962, den historischen Stadtkern zum Sanierungsgebiet zu erklären, begann, der einen Paradigmenwechsel einleitete und die Stadt als Kommunikationsort rehabilitierte. Es gehört heute zum allgemeinen Konsens sozial orientierter Stadterneuerungspolitik, dass man versucht, mit der Sanierung von Fachwerkhäusern eine Fluktuation alteingesessener Mieter zu verhindern und es gehört zu den Aufgaben der Politik, dieses fragile Gleichgewicht aus Wohnen, Konsum und Kultur zu erhalten, um eine soziale Stabilität zu erreichen.

WAS IST?

Abrupte Brüche, räumliche Einschnitte, Maßstabsveränderungen oder zweckentfremdete Nutzung: Sie bilden die eigentlichen Konfliktpotentiale für die Stadtverwaltung, die einerseits verpflichtet ist, auf Kontinuität zu achten, andererseits lernen muss, den passenden Maßstab für den notwendigen Strukturwandel zu finden.

Intakte, lebendige Stadträume be-
nötigen Flexibilität für ihr inneres
Gleichgewicht: Stadtkern und Stadtbild, Nutzung und Gestaltung, Ruhe-
zonen und Verkehr, öffentlicher und
privater Raum müssen als ein leben-
diges Ganzes betrachtet werden, eine
Aufgabe, die über Raumordnungs-
programme weit hinausweist. Die
Gewissheit, dass die Stadt ihr Recht
in Anspruch nimmt, ihre Bauwerke zu
schützen, aber auch den Mut hat, um-
weltfreundliche und sozial verträgli-
che Konzepte umzusetzen, das wären
solide Fundamente für eine zukunfts-
orientierte Entwicklungspolitik.

Stadträumliches Denken ist immer
in geschichtliche und soziale Katego-
rien eingebunden, verhindert, dass
wirksame Imagepflege sich auf pure
Schaustellerei beschränkt. Allein der
Faktor Zeit besitzt eine einzigartige
Wirkungskraft, der jede vordergründi-
ge Designverschönerung relativiert.

Dynamische Veränderungen der
Stadt erfordern abgestimmte Konzepte: Die Stadt Hattingen hat mit der
Schließung der Henrichshütte eine
Chance, ein Stück Industriegeschichte
in eine Museums- und Parklandschaft
umzuwandeln – ein Schritt in die Zukunft, der Kreativität verlangt.

Strukturwandel _Martin Serres

Hattingen hat Zukunft.
Hattingen hat Arbeit.

Der 19.02.1987 hat Hattingen bundesweit ins Rampenlicht gerückt. Der Vorstand der Thyssen AG kündigt mit der Einstellung der Roheisenerzeugung und dem Ausblasen der Hochöfen den Abbau weiterer 3.000 Arbeitsplätze auf der Henrichshütte an. Vom Armenhaus der Nation ist die Rede, von Hattingen als sterbender Stadt mit drohender Arbeitslosenquote von über 30 %.

In überwältigender Solidarität kämpft die ganze Stadt um die Arbeitsplätze auf unserer Hütte. Als auch der Aufsichtsrat am 23.06.1987 die Stilllegungspläne bestätigt, kämpfen die Hattinger um Perspektiven für die Betroffenen genau so wie um die benötigten Starthilfen für den Strukturwandel.

Zu Hochzeiten der Hütte fanden dort mehr als 10.000 Menschen Arbeit. Die Henrichshütte war mit Hattingen untrennbar verbunden. Sie wirkte wie ein Schwamm auf mehrere Generationen von Arbeitern aus Stadt und Region. Neben ihr hatten nur wenige andere Betriebe Entwicklungschancen. Wenn Monostruktur ein Beispiel hatte, dann war es Hattingen.

Natürlich sind viele Arbeitsplätze unwiederbringlich verloren. Aber die Arbeitslosigkeit hat im Frühjahr 1988 mit 16,8 % ihren höchsten Punkt erreicht und liegt heute im regionalen und landesweiten Vergleich bei beachtlichen 10 %.

Was ist inzwischen geschehen? Hattingen hat sich auf den Weg gemacht. Die ehemalige Henrichshütte war der Nukleus für vielfältige Entwicklungen. Vom Einbeiner zum Tausendfüßler, von Monostruktur zur Diversifikation. Vom Produktions- zum Dienstleistungsstandort mit Fertigungskompetenz. Heute arbeiten mehr als 2/3 aller Beschäftigten im Dienstleistungsbereich. Allein auf dem Gelände der ehemaligen Henrichshütte und ihres Parkplatzes am Büchsenschütz beschäftigen mehr als 100 Unternehmen annähernd 2.000 Mitarbeiter.

Vielen klein- und mittelständisch strukturierten Unternehmen aus der Region ist Hattingen ein guter Standort. Unkompliziert, schnell und verlässlich hat die Wirtschaftsförderung den Strukturwandel eingeleitet und gestaltet, mit neuen Branchen, mit neuen Zielen. Hattingen ist nicht länger die Stadt von Kohle und Stahl, sondern ein chancenreicher Standort mit vielen hochspezialisierten Unternehmen. Mit dem Technologie- und Gründerzentrum ZEK – entstanden in einem ehemals als Qualitätsstelle der Henrichshütte genutzten Gebäude – bietet die Stadt jungen, innovativen Unternehmen ein Umfeld, dass ihnen den Aufbau zukunftsweisender Beschäftigungsfelder erleichtert.

Aus der Henrichshütte wird der „Henrichs Gewerbepark" mit der Leitidee, Arbeiten, Freizeit und Kultur an einem Ort zusammenzuführen. Zwischen Innenstadt und Ruhr entsteht Platz für ein „Hattingen nach vorn" ohne Verlust der historischen Identität.

Mit dem Hochofen 3 des Westfälischen Industriemuseums Henrichshütte, Ankerpunkt der Route der Industriekultur, zeugt eine Landmarke weithin sichtbar von Hattingens historischem Erbe. Die für Veranstaltungen hergerichtete Gebläsehalle führt ihre Gäste ins industrielle Erbgut der Stadt, an den Ort der Eisenerzeugung, Keimzelle eines industriellen Aufschwungs der ehemaligen Tuchmacher – und Hansestadt Hattingen.

Hattingen hat Gesundheit.

Unter dem label „med in hattingen" bündelt die Stadt ihre Kom-
petenzen im Bereich der Gesundheitsversorgung und -vorsorge.
Mit spitzenmedizinischen Angeboten wie der neurochirurgischen
Rehabilitationsklinik Holthausen, einer von landesweit zwei Kliniken
für Naturheilkunde und einem überdurchschnittlichen Angebot an
stationären und ambulanten Einrichtungen hat Hattingen viel zu
bieten. Ihre Ballungsrandlage zwischen Ruhrgebiet und Bergischem
Land wird Hattingen nutzen, um mit Komplementärmedizin und
Präventionsangeboten am veränderten Gesundheitsbewusstsein der
Menschen zu partizipieren. Bereits jetzt haben die Einrichtungen
des Gesundheitswesens 3.000 Beschäftigte.

Hattingen hat Urlaub.

Die Lagegunst am südlichen Ballungsrand des Ruhrgebiets, unmittelbar zwischen Ruhr und Hügelland im Süden, der geschlossene historische Altstadtkern als Besonderheit, die in Westfalen ihresgleichen sucht – Hattingen wird touristisch ins Licht gerückt. Tagesausflügler treffen auf Kurzurlauber, die ihren Ausflug in die Elfringhauser Schweiz mit einem Besuch im Industriemuseum kontrastieren. Die nach zeitgenössischer Kunst im Stadtmuseum Blankenstein kulinarische Köstlichkeiten in der Altstadt erleben.

Die sich für ihren Kanu- oder Radausflug entlang der Ruhr in der gut sortierten Einkaufsstadt Hattingen wappnen. Der Ruhrtalradweg schmiegt sich auf seinem Weg von Winterberg nach Duisburg über 10 km an unsere Stadt. Hattingen freut sich über die zunehmende Wertschätzung der Pedaleure. Mit der Initiative Ruhrtal wird dieses naturräumliche Potential auf so vielfältige Weise in Wert gesetzt. Hattingen setzt auf qualitätsvollen Tourismus.

Hattingen macht von sich reden.

Mit dem in 2006 gegründeten Stadtmarketing Hattingen e.V. werden diese starken Seiten der Stadt nach außen getragen. Die wachsende Bedeutung des Tourismus erfordert eine professionelle organisatorische Struktur. Der Stadtmarketingverein unterstützt die Anbieter in Hügelland

und Innenstadt in ihren Ideen und Aktivitäten. Er sorgt für mehr Aufmerksamkeit.

In der City kümmert sich das Stadtmarketing um Händler und Gastronomen. Mit belebenden Aktionen. Für die Kunden von heute und die von morgen.

Hattingen hat Raum für alle.

Die Stadtentwicklung sorgt für passende Wohnangebote. Ob Jung oder Alt, Single oder Großfamilie, Stadtmensch oder Einsiedler. Hattingen hat Raum für alle. Und die demographische Entwicklung im Blick.

Hattingen hat seinen eigenen Kopf.

Hattingen kann sich nicht zukunftsfähig machen, indem es Anderen nacheifert. Hattingen besinnt sich seiner Potentiale und entwickelt sie zielgerichtet weiter. Hattingen ist unsere Stadt mit Raum für Arbeiten, Wohnen, Einkaufen, Freizeit und Kultur. Nicht entweder oder. Ohne Wenn und aber.

HATTINGEN HAT ZUKUNFT

Was wird

Wie im gesamten Ruhrgebiet vollzieht sich auch in Hattingen ein gewaltiger Strukturwandel. Denkmäler stehen dabei für Kontinuität und Identität. Sie sind oft Eckfeiler einer modernen Stadtentwicklung.

Denkmalschutz als weicher Standortfaktor
am Beispiel der Stadt Hattingen / Ruhr

Mit den Beschreibungen über die subjektiven Qualitäten eines Ortes ist im Zusammenhang mit der Terminologie aus dem Bereich der Wirtschaftsförderung der Begriff „weicher Standortfaktor" geprägt worden Dabei liest sich heutzutage die Beschreibung der Vorzüge eines Ortes sicherlich nicht halb so poetisch wie Goethes „Italienische Reise", oder, um in etwa beim Thema zu bleiben, die Aufzeichnungen Karl Friedrich Schinkels über seine Reise nach Italien in den Jahren 1803-05 und im Jahre 1824. Einen der ersten Eindrücke von Venedig beschreibt Schinkel mit den Worten:

„**N**ähert man sich der Kirche (gemeint ist hier der Markusdom), so blickt man rechts zwischen ihr und dem Turm neben dem Palast des Dogen vorbei auf das Wasser der Lagunen, wo die Isola die St. Giorgio Maggiore mit der schönen Kuppelkirche von Palladio hinter zwei Säulen am Wasser, wovon eine einen Löwen, die andere den heiligen Markus trägt, eine schöne und reiche Aussicht bildet."

Wie der Leser schon beim Lesen dieses kleinen Textausschnittes Lust zu einer Reise nach Venedig verspürt, soll der Betrachter städtischer Hochglanzprospekte sich angesichts der gepriesenen Vorzüge von der jeweiligen Stadt besonders angezogen fühlen. Neben schönen Stadtansichten - irgendeine Schokoladenseite kann nahezu jede Stadt aufweisen - werden im Text die unbestreitbaren Angebote über die Freizeit- und Naherholungsmöglichkeiten, Kultur, Sport, Ausbildung und Einkaufen hervorgehoben. Die Bilder, und seien es die noch so stereotyper Fußgängerzonen, vermitteln hohe Aufenthaltsqualitäten.

Die sogenannten „weichen Standortfaktoren" einer Stadt zu untersuchen und zu
definieren ist um so schwerer, als sie in
großen Teilen einer subjektiven Einschätzung
unterliegen. Die nostalgische Altstadt mit
schönen Plätzen, Kneipen und Boutiquen
zieht den einen mehr an, andere schätzen
vielleicht eher die Sonderangebote des su-
permodernen Einkaufszentrums auf der
grünen Wiese.

Anhand der Erfahrungen bei der Ansied-
lungspolitik von Firmen in der westfälischen
Stadt Hattingen, am Südrand des Ruhrgebietes gelegen, soll versucht werden, zu belegen,
inwieweit Unternehmerentscheidungen durch
den „genius loci" zu beeinflussen sind. Dabei
wird die These aufgestellt, dass gerade der
Denkmalschutz in der Lage ist,
diesen „Geist des Ortes" positiv
zu beeinflussen.

Dass durch Denkmalschutz
die Identität eines Ortes und
seine Attraktivität gesteigert
werden können, zeigen die
Entscheidungen zum Wiederaufbau des Römers in Frankfurt
oder die nicht enden wollenden
Diskussionen um den Wiederaufbau des Berliner Schlosses
sowie der bereits durchgeführ-
ten Rekonstruktion der Frauenkirche in Dres-
den. Selbst verlorene Denkmäler müssen
herhalten, um durch Rekonstruktion dem
Ort neues Leben einzuhauchen.

Was wäre Frankfurt ohne seinen Römer oder das Museumsufer am Schaumainkai. Selbst Städte, deren Bedeutung nicht gerade an der Qualität ihrer Denkmäler gemessen wird, obwohl sie davon durchaus eine stattliche und erlesene Anzahl zu bieten haben - gedacht ist an Oberhausen und seinen der Moderne bahnbrechenden Peter Behrens-Bau - finden neue Popularität durch moderne Industriedenkmäler wie den Gasometer, ironischerweise im Gebiet der „Neuen Mitte" gelegen, der als Europas größter Ein-Scheiben-Gasbehälter über schon viele Besucher in seinen Bann und auf die Aussichtsplattform gezogen hat.

Die Hattinger Altstadt

Dass nicht nur einzelne überregional bedeutsame Denkmäler Orte nachhaltig beeinflussen können, sondern eine ganze Stadt in ihrer modernen Entwicklung von historischem Ambiente geprägt werden kann, soll am Beispiel von Hattingen nachgewiesen werden. Hierbei liegt das besondere Augenmerk auf der Vermittlung von Denkmalschutz als weichem Standortfaktor im Sinne von Wirtschaftsförderung.

150 Jahre lang hat die Stahlproduktion den Standort Hattingen grundlegend geprägt. Mit der Entscheidung des Thyssen-Konzerns vom 19. Februar 1987, der Schließung der Henrichshütte, dem sogenannten „Schwarzen Donnerstag", ging die Ära der Stahl-Monostruktur in Hattingen zu Ende.

Schon die Gründung der Henrichshütte im Jahre 1854 bedeutete für die bis dahin kontinuierlich gewachsene mittelalterliche Stadt Hattingen einen gewaltigen Einbruch. Als Hansestadt und Umschlagplatz für die Tuchmachergilde erlebte Hattingen im 16. und 17. Jahrhundert eine wirtschaftliche Blüte, die sich auch in der baulichen Entwicklung widerspiegelte

Mit beginnender und zunehmender Industrialisierung setzte eine stürmische Bautätigkeit im Wohnungsbereich ein, die als erste große Stadterweiterung den Bereich der bereits um 1810 geschliffenen Stadtbefestigung sprengte.

So wie die Industrie in Hattingen an Bedeutung zunahm, geriet die Hattinger Altstadt mehr und mehr in Vergessenheit, aus heutiger Sicht ein glücklicher Umstand, gab es doch zur Jahrhundertwende bereits konkrete Pläne zum Abriss der Fachwerkhäuser. Blieb die Altstadt damals vom Abriss verschont, drohte ihre Bausubstanz in den 20er Jahren zu verfallen. Doch sie trotzte nicht nur den Bomben des Zweiten Weltkrieges, sondern hielt sich sogar ohne nennenswerte Verluste bis hinein in die beginnende Sanierung der frühen 70er Jahre. Die überaus heruntergekommene Bausubstanz und die bereits einsetzende Verslumung stellten die Stadt vor schier unlösbare Probleme, was die dringend erforderliche Anhebung der Infrastruktur in der Altstadt anging. So entschloss man sich zur Ansiedlung eines Kaufhauses, für das ein aus heutiger Sicht wertvoller Teil historischer Bausubstanz aufgegeben werden musste.

Trotz oder gerade wegen des durch die Monostruktur der Stahlindustrie hervorgerufenen „Dornröschenschlafes" und trotz der Anfang der 70er Jahre einsetzenden Flächensanierung, ist die Geschichte Hattingens durch zahlreiche mittelalterliche und gründerzeitliche Baudenkmäler ablesbar geblieben. Heute spielt die Altstadt eine wichtige Rolle bei der Imagebildung der Stadt und für die Identifizierung der Bürgerschaft mit ihrer Stadt.

Als andere Städte noch gar keinen Gedanken an eine Stadtsanierung verschwendeten, existierte in Hattingen schon eine komplette Fußgängerzone, neben der Frankfurter „Zeil" eine der ersten in Deutschland. Als woanders Flächensanierungen im großen Stil durchgeführt wurden, ging man in Hattingen schon gegen Ende der 70er Jahre zu behutsamer Objektsanierung über. Dass auch dabei einiges an Denkmalsubstanz verloren ging oder noch geht, soll nicht verschwiegen werden, aber seit 1980 fiel kein Fachwerkhaus der Spitzhacke zum Opfer. Dieser Politik ist es zu verdanken, dass die Hattinger Altstadt mit ihrem in Westfalen einmaligen geschlossenem Kirchplatz das mittelalterliche Straßengefüge noch erkennen lässt.

Das „Markenzeichen" Altstadt zieht heute zahlreiche Besucher aus den benachbarten Großstädten an, dieser Standortvorteil spielte nach Schließung der Henrichshütte als Einkaufs-, Dienstleistungs-, aber auch als angenehmer Wohnstandort eine zentrale Rolle. Bei der Schaffung neuer Arbeitsplätze und Ansiedlung innovativer mittelständischer Betriebe wurde manche Unternehmerentscheidung durch den denkmalgeschützten historischen Stadtkern beeinflusst.

Hattinger Henrichshütte - Gewerbe- und Landschaftspark

Neben der von mittelalterlichem Fachwerk geprägten Altstadt hat auch die Schwerindustrie mittelbar und unmittelbar eine Vielzahl von Baudenkmälern hervorgebracht. Der vor 1900 einsetzende Arbeiterwohnungsbau, der bis in die 30er Jahre des 20. Jahrhunderts andauerte, besteht zu überwiegenden Teilen aus denkmalgeschütztem Siedlungsbau. Zu erwähnen sind die Siedlungen „Haidchen" aus dem Jahr 1880 und die Siedlung „Müsendrei", entstanden im Jahre 1907 um die gleichnamige Spateisensteinzeche herum. Die größte Siedlung „Gartenstadt Hüttenau" stammt aus den 20er Jahren und wurde von dem Erbauer der Essener „Margarethenhöhe" Prof. Georg Metzendorf entworfen. Noch heute ist sie in ihrer städtebaulichen und raumbildenden Wirkung prägendes Element des Ortsteiles Welper. Durch frühe Privatisierung, lange vor dem Denkmalschutzgesetz, mussten leider hohe Gestaltverluste am Einzelobjekt hingenommen werden.

Die starke soziale und räumliche Abhän-
gigkeit Hattingens von der Henrichshütte
wird auf Dauer durch die erhaltene denk-
malgeschützte Hochofenanlage III dokumentiert. Der Hochofen ist mittlerweile im
Eigentum des Landschaftsverbandes Westfalen-Lippe und wird zusammen mit dem
Hochofenbüro und der Gebläsehalle und
einem Teil des Bessemer Stahlwerkes zu
einem Industriemuseum ausgebaut. Der
Besucher hat künftig die Möglichkeit, die
Eisen- und Stahlerzeugung nach-
zuvollziehen. Die Gebläsehalle
wird neben der musealen Nutzung von Stadt und Land zu kulturellen Zwecken genutzt.

Damit wird der auf der Indus-
triebranche der ehemaligen Thyssen-Henrichshütte entstehende
Gewerbe- und Landschaftspark
entscheidend von einem überregionalen Industriedenkmal
geprägt.

Auch die Urzelle der Hattinger
Henrichshütte, das aus der Mitte
des vorigen Jahrhunderts stam-
mende „Bessemer-Stahlwerk"
konnte vor dem Abriss bewart werden. Es
soll künftig in möglichst authentischem
Zustand erhalten bleiben und dient dem
Industriemuseum, dem Westfälischen
Feuerwehrmuseum und Künstlern als
Wirkungsstätte. So wird der sich im Ge-
werbe- und Landschaftspark vollziehende
Strukturwandel hautnah von den wichtigen Zeitzeugnissen begleitet.

Blankenstein und die Ruhraue

Für die Naherholung spielt der historische Ortskern Blankenstein eine bedeutende Rolle. Die historische Freiheit im Schutze der um 1225 erbauten Burg Blankenstein gelegen, konnte bereits nach denkmalpflegerischen Gesichtspunkten erneuert werden. Die gerade fertiggestellte Ortsumgehung nimmt den unerträglichen Durchgangsverkehr aus dem kleinen Landstädtchen heraus. Dadurch wird Blankenstein noch attraktiver für Fremdenverkehr und Naherholung. Die ehemaligen historischen Amtsgebäude aus dem vorigen Jahrhundert sind mit ihrer eleganten Sandsteinfassade wichtiger Bestandteil des Marktplatzes. Sie werden mit Unterstützung des Landes zu einem Stadt-museum umgebaut. Dahinter entstehen Sozial- und Altenwohnungen. Beides zusammen, Museum und Wohnungen stellen einen wichtigen Beitrag zur Stärkung der Infrastruktur dar.

Naherholung

Mit Blankenstein untrennbar verbunden ist die Ruhrlandschaft. Auch diese wird von den weit über Hattingens Grenzen hinaus bekannten Baudenkmälern definiert: im Westen nach Essen zu von der Burgruine der Isenburg und im Osten, von der bereits erwähnten Burg Blankenstein. Dazu finden sich mit Haus Kemnade und Haus Weile bedeutende ehemalige Adelssitze, während Birschels Mühle Zeugnis der frühindustriellen Mühlenindustrie ist.

Strukturwandel und Denkmalschutz

Wie man sieht, ist das heutige Ambiente der Stadt Hattingen untrennbar mit Denkmälern verbunden. Stadtentwicklung und Denkmalschutz sind in Hattingen nie Gegensätze gewesen.

Der sich in Hattingen vollziehende Strukturwandel war in der kurzen Zeit nur möglich, weil sich die Stadt nach dem Zusammenbruch der Schwerindustrie nicht aufgegeben hat, sondern sich schnell neue Ziele und Standbeine geschaffen hat. Dies war wiederum nur möglich, indem Bürgerschaft, Rat und Verwaltung an einem Strang zogen.

Durch die Überschaubarkeit der Stadt und im Hinblick auf die relativ kurze Zeitdauer nach dem Niedergang der Hütte im Jahre 1987 kann die positive Bedeutung des Denkmalschutzes bei der Neuansiedlung von Betrieben belegt werden. Ist normalerweise die Rolle des Denkmalschutzes als sogenannter weicher Standortfaktor schwierig nachzuweisen, so scheint dies in Hattingen möglich zu sein. Aus empirischen Untersuchungen zu maßgeblichen Beweggründen über Standortentscheidungen von Firmen ist zu entnehmen, dass die Fragen der Produktionskosten, Absatzmärkte, Ausbildungsqualitäten oder ganz allgemein die realen messbaren Bedingungen im Vordergrund stehen. Das wird auch in Zukunft so bleiben. Die sogenannten weichen Standortfaktoren kommen jedoch bei diesen Untersuchungen zu kurz. Persönliche Beweggründe der Entscheidungsträger und ihrer Familien bleiben bei derartigen Untersuchungen meist unberücksichtigt. Die Erfahrung in Hattingen zeigt, dass viele Unternehmer andere Prioritäten setzen. Man kann davon ausgehen, dass die rein wirtschaftlichen Faktoren im Ruhrgebiet weitgehend gleich sind, zumal sich die regionale Zusammenarbeit in den letzten Jahren stark gebessert hat. Wenn aber die wirtschaftlichen Faktoren gleichwertig sind, müssen andere Gründe vorhanden sein, die letztlich bei der Standortwahl den Ausschlag geben. Dies können eine unbürokratische Verwaltung, eine gute Adresse, gegenseitige Sympathie der Verhandlungspartner oder eben auch besondere Aufenthaltsqualitäten des Ortes sein.

Der Wechsel des Unternehmensstandortes oder die Erstansiedlung haben in der Regel große Konsequenzen für das Privatleben des Unternehmers und seiner Familie. Hier kommen die sogenannten weichen Standortfaktoren zur Geltung. Dabei spielen die tertiären Belange eine entscheidende Rolle. Ausbildungs- und Einkaufsmöglichkeiten, sportlich-, kulturelle und sonstige Freizeitangebote sind für die Akzeptanz eines Standortes wichtig. Doch gerade der mittelständische Unternehmer, der im Strukturwandel mit innovativen und sicheren Arbeitsplätzen eine zentrale Rolle spielt, legt Wert auf ein intaktes Milieu, da er in der Regel auch am Standort seines Unternehmens mit der Familie wohnt. Das Erscheinungsbild und die Aufenthaltsqualität der Städte sind gerade im Ruhrgebiet sehr unterschiedlich. Es gibt zwar die Möglichkeit, wegen der kurzen Entfernungen, die speziellen Attraktionen der Nachbarstädte gemeinsam zu nutzen, die besondere Aufenthaltsqualität wird jedoch vor Ort gemessen.

Wie wichtig die weichen Standort-faktoren für die Unternehmensan-siedlungen sein können, belegt die Aussage einer bekannten Firma aus dem Medienbereich, die sich kürzlich im Gewerbe- und Landschaftspark Hattingen-Henrichshütte angesie-delt hat. Das schöne Ambiente von Hattingen ist ein qualitativer Aspekt im Rahmen der Standortwahl. Hat-tingen bietet ideale Möglichkeiten, den Zusammenhang von Ambiente und Produkt zu verdeutlichen."

Voraussetzung für die Nutzung der weichen Standortfaktoren ist die Erkenntnis ihrer Bedeutung und der politische Wille, diese Faktoren zu sichern und zu fördern. Rat und Ver-waltung der Stadt Hattingen haben schon früh erkannt, welch letztlich wirtschaftliche Bedeutung eine geprägte, mit Leben erfüllte Altstadt mit ihrer historischen Ausstrah-lung für die Zukunft bedeutet. Die Konsequenz daraus war: Trotz aller negativen Auswirkungen aus der Schließung der Henrichshütte ist die Pflege und Weiterentwicklung der Altstadt unter Aufbringung letzter finanzieller Ressourcen bis jetzt durchgehalten worden. So wurden noch in den letzten Jahren das Alte Rathaus modernisiert und ein Teil der Fußgängerzone als historischer Straßenzug neu gestaltet.

Auch in Bereichen außerhalb der Altstadt hält die Stadt Hattingen den eingeschlagenen Weg der erhaltenden Stadterneuerung ein. Trotz Haushaltssicherungskonzept wurde mit Unterstützung der Landesregierung an dem Projekt Stadtmuseum in den historischen Amtsgebäuden des alten Ortskerns Blankenstein festgehalten. Die für Hattingen unverzichtbare Ruhrlandschaft mit den überregionalen Baudenkmälern Haus Kemnade, Burg Blankenstein, Birschels Mühle und der Isenburg wird an Wochenenden von vielen Ausflüglern besucht und ist ein wichtiger Standortfaktor für den Bereich Naherholung.

Der Erhalt des letzten Hattinger Hochofens und der damit verbundene Aufbau eines Industriemuseums durch den Landschaftsverband Westfalen-Lippe stellen eine Bereicherung des Gewerbe- und Landschaftsparkes dar und prägt nachhaltig seine besondere Identität, die sich deutlich von normalen Gewerbegebieten positiv abhebt. Auch hier sind die Stadt und die Landesentwicklungsgesellschaft NRW, die den Gewerbe- und Landschaftspark erschließt, darum bemüht, einen hohen Qualitätsmaßstab an Gebäude und öffentliche Räume zu legen.

Für Hattingen kann man sagen, dass wesentliche Entwicklungsprozesse mit Denkmalschutz zu tun haben und der begonnene Strukturwandel ohne ihn schwerer fiele. Direkt und indirekt hat der Erhalt des historischen Ambientes zu einer neuen Identität und damit Stabilisierung beigetragen. Der erforderliche politische Konsens und die Zustimmung der Bürger den Weg einer behutsamen Erneuerung fortzuführen, sind grundsätzlich vorhanden, wenngleich in Zeiten schwieriger Haushaltslagen Kurzsichtigkeit in der Stadtentwicklung leider neue Anhänger findet. Die langfristigen Vorteile des Denkmalschutzes für die Stadtentwicklung und die Wirtschaftsförderung müssen dem Bürger immer wieder deutlich gemacht werden. So muss mittelfristig in die Entwicklung der Hattinger Altstadt weiter investiert werden. Der Grundstein hierfür ist gelegt, indem als Grundlage für die weitere Erneuerung ein Rahmenplan angefertigt wurde.

Die Altstadt

Die erhaltende Stadterneuerung bleibt ein wichtiger Beitrag auf dem erfolgreich eingeschlagenen Weg des Strukturwandels. Dabei spielt die Altstadt Hattingens als ein wichtiges Markenzeichen der Stadt auch in Zukunft eine herausragende Rolle.

Die Altstadt Hattingens

Weit über die Stadtgrenzen hinaus ist die Hattinger Altstadt bekannt — mit ihrer Vielzahl von historischen Fachwerkhäusern, mit den engen, verwinkelten Gassen und heimeligen Plätzen. Geschützt von einer in Teilen erhaltenen Stadtbefestigung haben viele Zeugnisse der Geschichte die Stürme der Zeiten überstanden.

Wer sich auf eine mittelalterliche Reise zu den Meilensteinen der Hattinger Historie begeben möchte, den laden 30 Infotafeln zum beschilderten Altstadt-Rundgang ein. Er dauert etwa drei Stunden und führt nicht nur zu den bedeutenden Baudenkmälern, sondern verrät auch das eine oder andere Geheimnis, erzählt Geschichten und Anekdoten rund um die Hattinger Altstadt. An jedem ihrer fünf historischen Eingänge, den ehemaligen Stadttoren, werden Sie durch große Informationstafeln empfangen und von Schild zu Schild durch die Altstadt geleitet.

Unabhängig vom Rundgang haben wir im Folgenden die wichtigsten Sehenswürdigkeiten des historischen Stadtkerns für Sie beschrieben.

Stadtbefestigung

Die Befestigung der Altstadt hatte für Hattingen vielschichtige Bedeutung. Sie definierte und begrenzte den Siedlungsraum des heutigen Stadtkerns, bot Schutz vor Feinden und „räuberischem Gesindel" und sorgte durch die fünf Stadttore für den kontrollierbaren Zugang in die Stadt, an denen die Akzisen, Zoll und Verkehrssteuern, erhoben werden konnten. Auch die Kirchwege aus den Bauerschaften und die beiden Eingänge der Fernstraße zwischen Rheinland und Hellweg wurden durch die Stadttore gesichert. Die Verleihung des Befestigungsrechts im Jahre 1396 wird heute als Zeitpunkt der Stadtwerdung angesehen: Aus den Hattingern wurden Bewohner einer burgähnlichen Befestigung – Bürger.

Die ursprüngliche Stadtbefestigung bestand aus einem Palisadenzaun mit vorgelagertem Graben und Wallanlagen. In der Blütezeit Hattingens gegen Ende des 16. Jahrhunderts wurde die hölzerne Stadtbefestigung durch eine bruchsteinerne Außen- und Innenmauer ersetzt. Zwischen diesen Mauern verläuft auch heute noch die Grabenstraße. Die Wirksamkeit der Befestigungsanlagen wurde im 30-jährigen Krieg auf eine harte Probe gestellt. Der in schwedischen Diensten stehende Oberst Wilhelm Wendt zum Krassenstein belagerte mit 3.000 Söldnern die Stadt. Nach zehntägiger, verlustreicher Belagerung musste sich Hattingen ergeben und 3.000 Goldgulden Strafe zahlen.

Um 1820 konnte die militärisch völlig überholte Stadtbefestigung dem wachsenden Platzbedarf endgültig nicht mehr standhalten. Die Stadttore und Stadtmauern wurden abgetragen, mit dem Baumaterial Straßen und Wege befestigt. Entlang der Ausfallstraßen entstanden neue Bürgerhäuser.

Obwohl die Stadtbefestigung schon vor so langer Zeit abgetragen wurde, sind sehenswerte Reste erhalten: Zwischen Holschentor und Bruchtor etwa stehen noch längere Stücke der Stadtmauer – wie der historische Bruchtorturm, einer von ehemals sieben Stadttürmen, die die Abschnitte der Stadtmauer zwischen den Stadttoren sicherten. Er schützte das Umfeld des in unmittelbarer Nähe gelegenen Bruchtores und ist heute besterhaltenes Element der Hattinger Stadtbefestigung. Von der Innenseite der Stadtmauer erfolgte der Zugang in das obere Turmgeschoss. Die Schießscharten im unteren Bereich waren durch eine Bodenluke und eine Leiter erreichbar. Auch der Bruchtorturm wurde um 1820 abgebrochen, als Hattingen über seine mittelalterlichen Grenzen hinauswuchs.

Der Stadtgraben wurde mit einer durchschnittlichen Breite von 25 m vor der äußeren Stadtmauer angelegt, um eine direkte Annäherung zu verhindern. Im Gegensatz zu vielen anderen Wehrgräben war er nicht vollständig mit Wasser gefüllt, sondern fungierte als Sammelbecken für Regenwasser. Die vorhandenen Wasserflächen wurden als Tränkteich, Waschteich und von Berufsgruppen wie Gerber und Abdecker genutzt. Zwischen Holschentor und Augustastraße ist ein Teilstück des alten Stadtgrabens als Biotop renaturiert worden. Er vermittelt einen durchaus realistischen Eindruck von der früheren Situation.

Die Stadttore waren früher weithin sichtbare Zugänge zur Stadt. Mithilfe moderner Kunst sollen sie zukünftig wieder stärker erlebbar werden. Im Zuge dieser Planungen konnte als erstes Tor das Steinhagentor mit einer Großskulptur des Künstlers Voré versehen werden.

Die fünf Stadttore

Bruchtor

Durch das Bruchtor gelangte der Reisende auf der Fernhandelsstraße aus dem Rheinland in die Stadt Hattingen. Der Name des Tores hat nicht, wie man vielleicht vermuten könnte, mit seinem Bauzustand zu tun. Der Begriff „Bruch" bezeichnet ein sumpfiges, schwer passierbares Gelände, das sich an dieser Stelle bis ins „Bruchfeld" fortsetzte. Durch Trockenlegung und Straßenbau ist der ursprüngliche Zustand heute nicht mehr erfahrbar. Auch vom Bruchtor selbst sind ebenso wie von den anderen Stadttoren keine sichtbaren Spuren geblieben. Der Bruchtorturm jedoch blieb als größter Turm der Hattinger Stadtbefestigung, erhalten. Einst hinter einer Neubebauung des 19. Jahrhunderts versteckt und zu einem Geräteschuppen umfunktioniert, ist er heute in teilsanierter Form wieder weithin sichtbar.

Weiltor

Die ehemalige „Weyl poerte" sicherte die Durchfahrt des Fern-
handelsweges in Richtung Westen. Wer die Ruhr überqueren wollte,
gelangte von hier aus zur alten Hattinger Ruhrbrücke in der Nähe des landwirtschaftlichen Guts „Haus Weile", nach dem dieses
Stadttor benannt ist. Im Einzugsbereich Hattingens diente die Han-
delsstraße auch als Mühlenweg, denn in der Nähe der Ruhrbrücke
stand die „Weyler Kornmühle", eine so genannte landesherrliche
Bann- und Zwangsmühle. Alle Bewohner in ihrem Bannbereich, so
die Bestimmung, waren gezwungen, ihr Korn ausschließlich dort
mahlen zu lassen und dafür Mahlgeld zu bezahlen. Aufgrund der
schwierigen Geländebedingungen war es seinerzeit
nicht möglich, im Bereich des Weiltores einen Graben
zur Stadtbefestigung auszuheben. Stattdessen errichtete man etwa 25 Meter vor der äußeren Stadtmauer
eine weitere Bruchsteinmauer, die die Funktion eines
Zwingers übernahm.

Heggertor

Zum Namen dieses Stadttores findet man in der
Chronik des Pastors Hermann Merker aus dem frühen
17. Jahrhundert eine Erklärung: „Die Heggerpfortte
hat den namen vom Heggegude, negst an dieser pforten gelegen..."
Dass die Einfriedung des Gutes oder benachbarter Bürgergärten mit
Hecken einen Einfluss auf die Bezeichnung hatte, kann nur vermu-
tet werden. 1635 bekam das Heggertor eine tragische Bedeutung,
als in schwedischen Diensten stehende Truppen die Stadtbefestigung an dieser Stelle durchbrachen und eine zehntägige blutige
Belagerung beendeten. Noch in unserer Zeit sind bei Bauarbeiten
Skelettreste der Opfer gefunden worden. Durch das Heggertor führte der Kirchspielweg zu den Bauerschaften im heutigen Stadtteil
Welper, zum inzwischen abgerissenen Adelssitz „Haus Bruch" und
nicht zuletzt zum Sitz des Drosten auf Burg Blankenstein. Nach der
Gründung der Henrichshütte und der Errichtung des neuen Rathauses im Umland vor dem Heggertor entwickelte sich die Heggerstraße zur Haupteinkaufsmeile Hattingens.

Holschentor

Auch das Holschentor zählt zu den fünf Stadttoren Hattingens. Wie der Rest der Stadtmauer wurde es von 1586 bis 1590 an der Stelle der hölzernen Stadtbefestigung von 1396 in Bruchstein errichtet. Das Holschentor war ein Nebentor, das nur in den Sommermonaten geöffnet war.

Die mündliche Überlieferung besagt, das Tor habe seinen Namen den Bauern zu verdanken: Die kamen seinerzeit aus dem Umland über Feldwege durch dieses Tor in die Stadt. Und da die Stadtoberen verhindern wollten, dass die Bauern mit ihren lehmverschmierten Holzschuhen das schöne Städtchen verdreckten, hätten die ihre Holzschuhe vor dem Betreten der Stadt am Tor ausziehen müssen. Gerade an Markttagen sollen daher an diesem Tor eine große Zahl von Holzschuhen, „Holschen", gestanden haben.

Historisch belegt ist die Benennung nach dem ehemals vor dem Stadttor gelegenen „Hof Holschen". Aber auch die östlich von Hattingen gelegene Bauernschaft „Holthausen" könnte bei der Namensgebung eine Rolle gespielt haben. Dann wäre das Holschentor auf Hochdeutsch das „Holthausener Tor".

Steinhagentor

Der Name „Steinhagen" geht auf eine flache, steinige Erhebung außerhalb der Stadtmauer zurück, die mit dornigem Gebüsch bewachsen war. Nach dieser Erhebung ist heute noch der angrenzende Straßenzug benannt, und so hieß auch das ehemalige Stadttor „Steynhagens poerte". Das Steinhagentor verband Stadt und Kirche mit den Bauerschaften im südlichen Hügelland, den Kirchspielleuten und war damit das bedeutendste Kirchspieltor.

Für Waren, die durch das Steinhagentor in die Stadt gebracht wurden, musste der städtische Zoll bezahlt werden. Wer beim Schmuggeln erwischt wurde, landete am „Bußboim" (Bußbaum), einer Art Pranger zur Abschreckung von Missetätern.

Durch eine moderne Skulptur des Künstlers Voré ist das Steinhagentor heute das erste Stadttor, das wieder weithin sichtbar auf den
historischen Zugang zur Hattinger Altstadt aufmerksam macht.

Sehenswerte Gebäude
Altes Rathaus

Zentral am Untermarkt steht das Alte Rathaus, ein Fachwerkbau
mit bruchsteinernem Untergeschoss. Von hier aus wurden einst
die Geschicke der mittelalterlichen Stadt Hattingen gelenkt. So wie
sich das Alte Rathaus heute den Besuchern präsentiert, wurde es
allerdings nicht erbaut. Dieses Schmuckstück der Altstadt hat eine
wechselvolle Geschichte, die schon vor 1420 als Markthalle für den
Verkauf von Fleisch begann.

Da die Selbstverwal-
tung der Stadt irgendwann
nach Amtsräumen für die
Stadtschreiber, den Bür-
germeister und die Rats-
herren verlangte, erneu-
erten die Bürger 1576 ihr
„raithus" über der Fleischhalle mit zwei Fachwerke-
tagen und hoch aufragen-
den Spitzgiebeln. Damit
waren Markthalle, Ver-
waltung, Archiv und Ver-
sammlungsstätte unter ei-
nem Dach vereint.

Ende des 18. Jahrhunderts wurde das Gebäude im klassizistischen Stil umgebaut. Die Spitzgiebel wichen Walmdächern, die Ratshalle erhielt große Fenster, das Fachwerk wurde dem Zeitgeschmack entsprechend verputzt.

Mit den wachsenden Verwaltungsaufgaben des beginnenden 20. Jahrhunderts wurde ein Rathausneubau notwendig und das Alte Rathaus damit überflüssig. Nach jahrelangem Kampf um den Erhalt des Gebäudes fiel letztlich die Entscheidung zur Nutzung als Heimatmuseum. In den 50er Jahren dann wurde im Zuge der Beseitigung von Kriegsschäden das frühere Erscheinungsbild mit seinen 400 Gefachen wieder freigelegt. Nach der 1993 vollendeten Grundsanierung haben eine Kunstgalerie und ein städtischer Veranstaltungsraum in den Räumen des Heimatmuseums Platz gefunden.

Der Durchgang unter dem Rathaus führt vom „weltlichen" Untermarkt zum „geistlichen" Kirchplatz mit der Stadtkirche St. Georg.

St.-Georgs-Kirche

Die Stadtkirche St. Georg ist von einer geschlossenen Fachwerkbebauung umgeben, wie sie nur selten in Westfalen erhalten ist. Die Außenwände der Kirche zeigen die Spuren der Jahrhunderte, Spuren von Zerstörung und Wiederaufbau, Umbau und Modernisierung. Das älteste erhaltene Bauteil St. Georgs ist der romanische Kirchturm aus der ersten Hälfte des 13. Jahrhundert. Das Kirchenschiff wurde nach schweren Zerstörungen bis 1450 in Form einer gotischen Hallenkirche erneuert. Aus dieser Zeit stammt auch der gotische Spitzhelm, der sich deutlich sichtbar zu einer Seite neigt. Nicht etwa dem Zahn der Zeit, sondern der Vorsicht hat er seine kuriose Neigung zu verdanken, denn der stark blitzschlaggefährdete Turm wurde tatsächlich ganz bewusst gegen die Hauptwindrichtung gebaut: Wenn ein Einschlag den Helm in Brand gesetzt hätte, so die Überlegung, wäre er in dieser Höhe kaum zu löschen gewesen. In diesem Fall sollte der brennende Helm möglichst nicht auf das wertvolle Kirchenschiff fallen, sondern eher auf die leichter wieder aufzubauenden Bürgerhäuser.

Der letzte große Umbau zwischen 1807 und 1810 führte zu der heutigen klassizistischen Innengestaltung mit hölzernem Tonnengewölbe, einer umlaufenden Empore und dem sehenswerten Kanzelaltar. Seit der Reformation ist St. Georg die Hauptkirche der lutherischen Gemeinde in Hattingen.

Der heutige Kirchplatz war bis 1813 Begräbnisstätte für die Hattinger Bürger. Dann jedoch war die Einwohnerzahl Hattingens so weit angestiegen, dass der Kirchhof nicht mehr ausreichte und aus hygienischen Gründen eine neue Begräbnisstätte vor den Toren der Stadt angelegt werden musste. Einige Grabplatten des alten Kirchhofs um die St.-Georgs-Kirche sind noch erhalten geblieben.

Kirchplatz

Der geschlossene Ring aus kir-
chenburgartig angelegten Fachwerkhäusern um den Kirchplatz steht auf
ursprünglich kirchlichem Boden. Als
Grundsteuer verlangte man seinerzeit nicht wie üblich Geld,
Haustiere oder Getreide, sondern Bienenwachs. Daraus
wurden Kerzen zur Be-
leuchtung der Kirche
hergestellt, und aus
diesem Grund hei-
ßen die Häuser auch
Wachszinshäuser. Der
etwas erhöht liegen-
de Kirchplatz ist über
fünf schmale, zum Teil
überbaute Zugänge er-
reichbar. Diese Zugän-
ge werden auch „Röster"
genannt, weil sie einst
mit Eisenrosten versehen
waren, um freilaufende
Haustiere, insbesonde-
re Schweine vom Fried-
hof auf dem Kirchplatz
fernzuhalten. Die heute
existierende Zufahrt ist
erst durch den Abbruch
eines Wohnhauses ge-
schaffen worden.

Einige Gebäude am Kirchplatz verdienen besondere Beachtung. So etwa das Haus Kirchplatz 15, an dessen Stelle die „Hattinger Münze" stand. Schon im 13. Jahrhundert wurden unter Graf Engelbert von der Mark in Hattingen Münzen geprägt.

Bereits um 1400 konnte Hattingen mit einer Lateinschule aufwarten. 1584 wurde sie in eine evangelisch-lutherische Stadtschule umgewandelt. Das heutige Gebäude Kirchplatz 17 stammt aus dem Jahre 1721. Als die Schule zu klein wurde, errichtete man ein neues, größeres Schulgebäude nebenan: das Haus Kirchplatz 19. Im November 1824 konnte dort der Unterricht aufgenommen werden.

Das Haus Kirchplatz 6-8 beherbergte 330 Jahre lang die Löwenapotheke. Erst 1982 zog die Apotheke zur St.-Georg-Straße um und wurde inzwischen ganz aufgegeben.

Bei der großen Marmor-Statue auf dem Kirchplatz handelt es sich um die „Hattingia": Sie trägt eine fünftorige Mauerkrone auf dem Haupt und ein Wappenschild der Stadt zur Seite, in ihren Händen hält sie als Zeichen der Unsterblichkeit einen „Immortellenkranz". Die Hattingia wurde von dem Hildesheimer Bildhauer Küsthardt zur Erinnerung an die Gefallenen des deutsch-französischen Krieges 1870/71 geschaffen und am 05. August 1876 feierlich enthüllt. Im Jahre 2005 wurde die Statue denkmalgerecht restauriert, sodass der schneeweiße Carrara-Marmor wieder zum Vorschein kam.

Bügeleisenhaus

Das so genannte „Bügeleisen" am Haldenplatz 1 ist weit über die Grenzen Hattingens hinaus ein Begriff. Es verdankt seinen Namen der eigenwilligen Grundrissform und dem prägnanten Giebel zur Großen Weilstraße hin, der im Obergeschoss um mehr als einen Meter über dem Untergeschoss hervorragt. Das Bügeleisenhaus ist eines von zwei Privathäusern, deren Denkmalwert schon 1909 vom Provinzial-Konservator Ludorff anerkannt wurde. Die zwei Bauabschnitte des dreigeschossigen Hauses von 1611 und ca. 1620/30 lassen sich an seiner Eingangsseite anhand der unterschiedlichen Ornamentik der stützenden Knaggen gut erkennen.

Leider ist über den in der Inschrift des Türsturzes genannten Erbauer Wilhelm Elling wenig bekannt, seine Nachfolger betrieben in dem Haus bis 1856 eine Tuchweberei. 1856 erwarb der Metzger Salomon Schmidt das Bügeleisenhaus und richtete hier Schlachtraum, Wurstküche und Verkaufsraum ein. Im Rahmen dieser Umbauten entstand auch das klassizistisch gestaltete Schaufenster.

1941 wurde das Bügeleisenhaus als jüdisches Eigentum zu Gunsten des Deutschen Reiches enteignet. Nach dem Zweiten Weltkrieg ging es in den Besitz der jüdischen Treuhandgesellschaft Jewish Trust Corporation (JTC) über, von der der Heimatverein Hattingen es 1955 erwarb.

Von 1956 bis 1962 erfolgte die Restaurierung des abbruchreifen Hauses in Zusammenarbeit mit dem damaligen Landesdenkmalamt – damit war es gleichermaßen Vorbild und Vorreiter für die geplante allgemeine Erneuerung des Fachwerks in der Altstadt. In dem „neuen" alt-ehrwürdigen Gebäude lebte zunächst der Hattinger Heimatdichter Otto Wohlgemuth. Heute betreibt der Heimatverein Hattingen-Ruhr e.V. darin ein heimatkundliches Museum. An die jüdischen Vorbesitzer erinnert ein „Stolperstein" im Pflaster vor dem Giebel.

Glockenturm

Dem Untermarkt gegenüber steht der Hattinger Glockenturm vor dem Krämersdorf. Bei diesem Turm handelt es sich um das Relikt der reformierten Johanniskirche, die im Jahre 1728 an der Stelle des ehemaligen Stadtweinhauses fertig gestellt werden konnte. Im Zweiten Weltkrieg wurden das Kirchenschiff und die Fachwerkbebauung des Krämersdorfs durch Luftminentreffer vollständig zerstört. Nur der Kirchturm konnte gerettet werden, wurde restauriert und erhielt 1958 ein vom Generalkonsul Leo Gottwald gestiftetes Glockenspiel. Daher der Name „Glockenturm".

Bis 1688 stand an der Stelle der Johanniskirche das Hattinger Stadtweinhaus. Das Privileg des Weinzapfens wurde der Stadt schon 1406 verliehen, damals übrigens baute man innerhalb der Hattinger Stadtmauern selbst noch Wein an. Das Stadtweinhaus war kein Lokal im üblichen Sinne, sondern eine Stätte des Rechts. Kaufverträge, Rentenkäufe und Behandigungen wurden erst rechtskräftig, wenn der Akt hier mit einem Viertel Wein besiegelt worden war. Daher stammt auch der heute noch geläufige Spruch: „Darauf müssen wir einen trinken!"

1688 mietete die kleine „reformierte Gemeinde zu Hattneggen und im Amt Blankenstein" den Saal des Stadtweinhauses zu gottesdienstlichen Zwecken. Als die Gemeinde das Gebäude schließlich erbte, ließ sie es abreißen und durch einen Steinbau mit Kirchturm ersetzen – die 1728 fertig gestellte Johanniskirche. Die Flächen um die Kirche wurden nach und nach mit kleinen Fachwerkhäusern bebaut.

Altes Zollhaus

Das so genannte Alte Zollhaus an der Grabenstraße in der Nähe des ehemaligen Weiltores verdankt seinen Namen den Zollgebühren, die von einreisenden Kaufleuten am nahen Weiltor erhoben wurden. Im „Zollhaus" selber hatte man allerdings nie Zoll erhoben, denn es wurde erst erbaut, nachdem die Stadtbefestigung des 16. Jahrhunderts um 1820 abgebrochen worden war.

Das Zollhaus ist das kleinste Hattinger Fachwerkhaus. Der Grund dafür wird offenbar, wenn man hinter das Haus schaut: Es steht auf den Resten eines Wehrturms, dessen Durchmesser die Grundfläche des Hauses bestimmt hat als es nach 1820 als Werkstatt eines Schmiedes errichtet wurde.

In der Pflasterung des Grabenweges vor dem Zollhaus fällt ein kleinteiliger Bereich auf. Unter dieser Pflasterung nämlich befindet sich ein Gewölbekeller, der früher von der gegenüberliegenden Hoffläche aus zugänglich war. Er diente zu dieser Zeit als Aufenthaltsraum für die dienstfreie Wachmannschaft des Wehrturmes und als Zugang zum Turm.

Ackerbürgerhaus im Steinhagen, Steinhagen 6 - 8

In der mittelalterlichen Stadt Hattingen siedelten nicht nur Handwerker und Kaufleute, sondern auch Bauern, die Felder und Wiesen vor den Toren Hattingens besaßen, ihren Hof aber im Schutz der Stadtmauern bewohnten und bewirtschafteten. Sie wurden als Ackerbürger bezeichnet.

Das Haus Steinhagen 6-8 ist ein typisches Ackerbürgergehöft und als einziges seiner Art erhalten geblieben. Es wurde 1729 erbaut. Der Wohnbereich lag auf der Vorderseite zum Steinhagen, der Wirtschaftsbereich mit den Stallungen war von der Rückseite zugänglich. Hinter dem Gebäude steht noch heute ein reizvolles, zur gleichen Zeit erbautes Speicherhäuschen.

Nachdem die landwirtschaftliche Nutzung aufgegeben wurde, diente das Ackerbürgerhaus als Kupferschmiede, Weißbrotbäckerei und Ledergroßhandlung. Als es wegen der schlechten Bausubstanz einzustürzen drohte, wurde es zwischen 1968 und 1970 saniert und umgenutzt.

Heilig-Geist-Spital, Emschestraße 38

In den bäuerlichen Hofgemeinschaften und Großfamilien des Mittelalters war es üblich, dass Alte und Kranke mitversorgt und gepflegt wurden. Menschen ohne Familienzugehörigkeit und Mitglieder gesellschaftlicher Randgruppen waren – zumeist in den Städten – auf fremde Hilfe und Barmherzigkeit angewiesen, wenn sie alt oder krank wurden.

In der Tradition des „Spitalordens vom Heiligen Geist" entstanden für solche Bedürftige Spitäler und „Gasthäuser" zur Alten- und Krankenpflege. 1474 wurde auch in Hattingen auf dem Besitz der Kirche St. Georg „das Gasthaus erbaut zu Ehren Gottes und des Heiligen Geistes und der Patrone St. Georg und Margareta, die das Patronat übernahmen".

Die Betriebskosten wurden durch öffentliche Sammlungen und fromme Stiftungen gedeckt, das Haus selbst durch zwei Gastmeister verwaltet, die auch die Betreuung der Bewohner übernahmen. Diese Gastmeister hatten unter anderem die Bedürftigkeit des einzelnen zu überprüfen und gesunde Insassen zur Arbeit anzuhalten: Sie halfen etwa bei der Bewirtschaftung der hauseigenen Ländereien, beim Straßenkehren oder gingen am Alten Rathaus beim Wiegen zur Hand.

1780 wurde das Heilig-Geist-Spital abgebrochen und an dessen Stelle das heutige Gebäude als „Armen- und Waisenhaus" neu errichtet. 1919 wurde auch das Armenhaus aufgelöst und seine Bewohner ins evangelische Krankenhaus der Stadt verlegt.

Emschestraße

Das Haus „Am Kühlken", heute Emschestraße 21, ist ein besonders schönes Beispiel für ein klassizistisches Fachwerkhaus. Es zeichnet sich durch seine streng symmetrische, strebenlose Fassade aus, aber auch durch seine großen klassizistischen Fenster, die im Gegensatz zu jenen vieler anderer älterer Fachwerkhäuser nicht nachträglich hereingebrochen, sondern bereits im Zuge des Baus 1816 berücksichtigt wurden.

Der Name der Emschestraße geht auf einen kleinen Bachlauf zurück, der einst in dieser Straße verlief und der im Laufe der Zeit zugeschüttet und zugepflastert worden ist. Dort, wo die Johannisstraße auf die Emschestraße stößt, hatte sich seinerzeit eine morastige Stelle gebildet, die im Niederdeutschen als „dat Kühlken" bezeichnet wurde. Wegen des hohen Grundwasserstandes von damals haben die Häuser um das Kühlken noch heute durchweg hochgelegte Eingänge.

Brunnenhof

Ein gutes Beispiel für die Trinkwasserversorgung der Hattinger durch Hausbrunnen kann man im Brunnenhof, zwischen Grabenstraße und Emscheplatz bewundern. Der Hausbrunnen konnte sich zur damaligen Zeit im Keller des Hauses oder wie hier in unmittelbarer Nähe zum Haus befinden. Letzteres war gerade dann sinnvoll, wenn auf der Hofstelle weitere, „anhangende" Häuser errichtet worden waren und mitversorgt werden mussten. Die geologischen Verhältnisse waren für den Brunnenbau günstig: Alle bisher entdeckten Brunnen sind weniger als 10 Meter tief und führten reichlich Wasser. Nur bei großer Trockenheit, wie aus dem Jahre 1600 überliefert, musste das Wasser mit Wagen aus der Ruhr geholt werden.

Für Reit-, Zug- und Tragtiere hatte man vor dem Weiltor, direkt an der Hauptverkehrsstraße, der „Drenck dyck" (Tränkteich) angelegt. Öffentliche Brunnen gab es erst nach 1780 – zunächst am Ober- und Untermarkt, wo sie aus einem Wasserreservoir vor dem Heggertor per hölzerner Wasserleitung versorgt wurden. Die Trinkwasserversorgung durch Hausbrunnen war aufgrund der Haustierhaltung eine heikle Sache. Nicht selten lagen die „Mistpfützen" (Misthaufen) in unmittelbarer Nähe der Brunnen. Die Jauche sickerte bis ins Grundwasser, sorgte für eine bakterielle Verschmutzung des Wassers und verursachte damit Krankheiten.

Kirchplatz 20

Über der Stalltür auf der Rückseite des Hauses Kirchplatz 20 in der Kirchstraße ist die „Mündung" eines solchen Abtritts, der Toilette des Hauses, als einzige erhalten geblieben. In welchem Umfang das „heimlich Gemach" auch soziale Funktionen erfüllte, sofern zwei Abtritthäuschen nebeneinander lagen, zeigt der Bedeutungswandel im Mittelhochdeutschen: Das „heimlich Gemach" wurde später zum „sprachhus", wo man ungestört Gespräche führen konnte. Allerdings wurde nicht nur der Abtritt als „sprachhus" bezeichnet, sondern ironisch auch das Rathaus.

Eine erhebliche Besserung der Wasserqualität trat 1875 mit der Inbetriebnahme des Hattinger Wasserwerks ein. Anschließend wurde die Mehrzahl der Brunnen abgedeckt oder zugeschüttet.

Die Entsorgung erfolgte bis zur Verlegung der Kanalisation in den 1920er Jahren oberirdisch durch die Straßengossen. Auch die Toilettenanlagen endeten nicht immer in Sickerschächten, sondern teils ebenfalls oberirdisch.

Plätze der Altstadt

Untermarkt

Der heutige Untermarkt bildete gemeinsam mit dem Obermarkt den Mittelpunkt des Handels- und Wirtschaftslebens des Marktortes Hattingen. Schon in frühester Zeit hatte der Marktplatz den örtlichen Handwerkern und Händlern, aber auch den Kirchspielbauern als Einzelhandels- und Kornmarkt gedient.

Markttage zeichneten sich durch regen Betrieb und hitzige Verhandlungen aus. Auch „durch die Lande ziehende Krämer" und „Glas-, Pott- und Duppenträger" boten ihre Waren auf dem Markt an. Wegen der besseren Qualität waren vor allem auswärtige Töpferwaren (Siegburg, Frechen) in Hattingen sehr begehrt. Durch die Marktgebühren und Akzisezahlungen stellten Märkte für die Stadt eine gute Einnahmequelle dar.

Der wichtigste Tag in der Hattinger Marktgeschichte war der 20. Juli 1435, als der Stadt und dem Kirchspiel durch den Landesherrn „ein freier Wochenmarkt an jedem Dienstag und vier freie Jahrmärkte zu vier Zeiten des Jahres verliehen" wurde. Der damit einher gehende Friedensschutz sorgte auch vor und nach den Markttagen für die Einhaltung der Marktordnung. Die An- und Abreise der Händler war durch Amtsschützen gesichert. Verstöße gegen „Frieden Freiheit und Sicherheit" auf den Märkten wurden drastisch bestraft.

Obermarkt

Diese weitläufige Einmündung der Kleinen Weilstraße in die Straßenachse zum Heggertor diente den Hattingern gemeinsam mit dem Untermarkt als Marktplatz. An Markttagen hockten Straßenhändler in ihren Verkaufsständen entlang des Weges und „verhökerten" ihre Waren. Das kleinteilige Angebot – Gewürze, Gürtel, Täschchen, Beutel, Spiegel, Kämme, Nadeln, Schnüre, Brillen und dergleichen – wurde als „Kram" bezeichnet, der Händler demzufolge als Krämer.

Um einem „allgemeinen Bedürfnis" Rechnung zu tragen, installierte man 1905 auf dem Obermarkt, das erste öffentliche „Pissoir". Als die Fußgängerzone eingerichtet wurde, entstand hier zunächst eine moderne Sitzplastik, die nach einem April-

scherz der heimischen Presse im Volksmund nur „Affenfelsen" genannt wurde. 1988 wurde sie zur Erinnerung an die Ruhrschifffahrt durch den „Treidelbrunnen" des Aachener Bildhauers Bonifatius Stirnberg ausgetauscht.

Das große, verschieferte Gebäude Obermarkt 1 vor dem Glockenturm ist im Kern das älteste Fachwerkhaus der Stadt. Untersuchungen im Zuge des letzten Umbaus haben ergeben, dass es wohl schon um 1445 errichtet worden sein muss. Quellen zu Folge könnte es sich um das Haus mit der Stadtwaage handeln, in dem die Händler an Markttagen ihre Gewichte überprüfen lassen mussten. Heute kann man die alt - ehrwürdige Stadtwaage vor dem Alten Rathaus bestaunen.

Haldenplatz

Der Haldenplatz zwischen Altem Rathaus und Großer Weilstraße musste im Laufe der Geschichte mehrfache Namensänderungen „über sich ergehen lassen". Ursprünglich wurde er „Hallenplatz" genannt, der Platz an der Fleischhalle. Als man dort Amtsräume einrichtete und die Halle schließlich nur noch „Rathaus" nannte, ging der Sinn dieser Bezeichnung allerdings verloren. Wegen seiner Form eines diagonal geschnittenen Rechtecks und der geringen Fläche wurde der Platz ab 1782 als „halber Platz" bezeichnet, bereits 1891 aber erneut umgetauft: Seitdem trägt er in Anspielung auf sein leichtes Gefälle den Namen Haldenplatz.

Das bekannteste Gebäude am Haldenplatz ist das Bügeleisenhaus, Haldenplatz 1, aus dem Jahre 1611. Es beheimatet heute ein Museum. Sehenswert ist auch das bemerkenswert große, traufständige Haus Haldenplatz 4 aus dem Jahre 1613, das mit der Dachtraufe, also der Längsseite des Gebäudes, parallel zur Straße steht. Es verfügte als einziges bekanntes Haus über eine Tordurchfahrt in den Hof, die im 18. Jahrhundert geschlossen und dem Wohnraum zugeschlagen wurde. Die Stelle der Tordurchfahrt ist heute noch anhand der Inschrift „Deus Mihi Principium Medium Finis" zu identifizieren.

Die Fachwerkhäuser am Haldenplatz sind allesamt Kaufmannshäuser und stammen überwiegend aus dem frühen 17. Jahrhundert. Bei den Häusern Nummer 7 und 9 aus dem 18. Jahrhundert handelt es sich eigentlich um zwei Hälften eines Doppelhauses, die völlig symmetrisch geplant und gebaut wurden. Während beim rechten die Fachwerkkonstruktion frei liegt, ist die linke Hälfte heute mit einer Holzverschalung verkleidet.

Im Haus Haldenplatz 6/8 wurde 1838 die Hattinger Sparkasse eingerichtet. Sie war damit eine der ersten Kreditinstitute Westfalens. Als Tresor diente eine schwere Holztruhe in der Schlafstube des Rendanten (Rechnungsführer). Am 30. September 1843 wurden von dort in der Nacht 57 Taler des Sparkassengeldes gestohlen. Der Dieb konnte unerkannt entkommen.

Die Altstadt im Wandel

St.-Georg-Straße

Die St.-Georg-Straße, sie hieß bis 1906 übrigens Düsternstraße, verdankt ihren Namen dem Stadtpatron im Hattinger Wappen. In dieser Straße ist die Bruchkante zwischen der Flächensanierung der 1960er und 70er Jahre und der Objektsanierung in den 80er Jahren besonders augenfällig: So mussten die historischen Gebäude auf der südlichen Seite einer Neubebauung weichen, während die Fachwerk- und Gründerzeithäuser im Norden „nur" sorgfältig restauriert und modernisiert wurden. Weil sie die Identität und den Charakter einer Stadt bewahrt, gibt man heute in der Regel der Objektsanierung den Vorzug.

Krämersdorf

Ursprünglich sah das heutige Krämersdorf völlig anders aus. Einst stand hier die Johanniskirche. Um sie herum drängte sich eine enge, kleinteilige Fachwerkbebauung von Handwerkern und Händlern, die schon früh „Krämersdorf" genannt wurde.

Am 14. März 1945 wurde das Krämersdorf bei einem Luftangriff auf die Henrichshütte durch Sprengbomben völlig zerstört. Nach Kriegsende hat man den großen Trümmerhaufen abgeräumt, das heutige Krämersdorf ist ein Ergebnis des Wiederaufbaus in den frühen 1950er Jahren. An der Stelle der zerstörten Fachwerkhäuser entstand ein neuer, in sich geschlossener und von Arkaden gesäumter Platz. Für die Gestaltung zeichnet Stadtbaurat Dr. Ulrich verantwortlich, dessen Entwürfe von 1946 bis 1952 realisiert wurden.

Klein Langenberg

Wo heute ein großes Warenhaus kauflustige Besucher anlockt, standen bis 1975 noch etwa sechzig Fachwerkhäuser: Klein Langenberg. Nach dem Zweiten Weltkrieg konzentrierten sich die Stadtentwicklung und der Wohnungsbau auf Gebiete außerhalb der historischen Altstadt, die in eine Art „Dornröschenschlaf" gefallen und dem baulichen Verfall preisgegeben waren. Klein Langenberg stand zu dieser Zeit für schlechte Wohnqualität, Verkehrsenge und für einen niedrigen sozialen Status. Der Handel stagnierte.

Um ein Warenhaus als Magnet für die neue autofreie Einkaufszone anzusiedeln, wurde dem damaligen Zeitgeist entsprechend eine Flächensanierung für Klein Langenberg beschlossen Eine Entscheidung, die vor dem Hintergrund der schlechten Bausubstanz nachvollziehbar ist. Im Februar 1976 wurde das Karstadt-Warenhaus – heute „Hertie" – eröffnet.

Man machte sich mehr Mühe bei den Planungen des Neu-
baus, als im Allgemeinen von den Gepflogenheiten der 70er-
Jahre und ihrer Architektur zu erwarten war. So sollten die
zahlreichen schwarzen, schräg gestellten Giebelflächen eine
für die Altstadt typische Dachlandschaft andeuten. Später,
in den 80er Jahren, wurden Stahl-Glas-Vorbauten als La-
denflächen ergänzt, um auch
dem Detailreichtum der umliegenden historischen Bebauung ein wenig mehr gerecht
zu werden.

Gelinde

Das Gelinde war Jahrhunderte lang nicht nur eine Straßenkreuzung, sondern die Drehscheibe des innerstädtischen Straßenverkehrs in Hattingen. Hier verlief der Teil des Hilinciweges, der von Nierenhof über den Homberg in die Stadt und durch das Weiltor zur steinernen Brücke über die Ruhr führte. Hier zweigte man zum Hattinger Rathaus und zu den Handelsplätzen Unter- und Obermarkt ab. Hier begann die Straße, die durch das Heggertor nach Blankenstein zur Burg mit ihrem Drosten und Amtmann führte.

Der Name „Gelinde" stammt von einem Flechtzaun um jene Wiese zwischen Große-Weilstraße und Krämersdorf, die bis in das 17. Jahrhundert „Wyssche" genannt wurde und als Gerichtsstätte des „Hofes von Hattingen" unter freiem Himmel diente.

Noch bis 1969 zwängte sich durch dieses Nadelöhr die Linie Acht der Straßenbahn, der gesamte Kraftfahrzeugverkehr in Richtung Bochum und nicht zuletzt der Fußgängerverkehr. Mit der Einrichtung der Fußgängerzone ist der Bummel durch die Altstadt deutlich sicherer worden.

Große Weilstraße

Die Große Weilstraße war eine der wichtigsten Verkehrsstraßen in Hattingen. Hier entlang führte der aus dem Rheinland kommende Handelsweg durch die Stadt und durch das Weiltor zu einer der wenigen festen Brücken über die Ruhr. Mit der Bahnhofstraße bildete sie den Anschluss der Stadt an den 1869 fertig gestellten Eisenbahnhof.

Die Große Weilstraße ist auf den ersten Blick eine für die Hattinger Altstadt untypische Straße, vermisst man doch die üblichen Fachwerkhäuser. Die in den 1960er Jahren gestartete Stadterneuerung war nämlich nicht die erste Sanierung in Hattingen. Schon zu Beginn dieses Jahrhunderts gab es umfassende Pläne, den Baubestand zu modernisieren und der Stadt ein modernes Gesicht zu geben. Fachwerkhäuser galten als bäuerlich und rückständig, dem Erscheinungsbild einer aufstrebenden Stadt nicht angemessen.

Daher ersetzte man in der Jahrhundertwende die vorhandene Bebauung an dieser Hauptstraße durch neue, höhere Gebäude. Diese aus heutiger Sicht unmaßstäblichen Neubauten – bedenkt man, dass die gesamte Hattinger Altstadt nur zweigeschossig bebaut war – sind heute Zeugnisse einer wichtigen Bauepoche.

Am Übergang der Großen Weilstraße zur Bahnhofstraße, in unmittelbarer Nähe zum heutigen „Synagogenplatz" stand die Hattinger Synagoge der jüdischen Gemeinde, zerstört in der „Reichskristallnacht" 1938. Als Folge eines herzoglichen „Privilegs" wurden die Juden schon 1498 aus Hattingen vertrieben.

Erst unter der napoleonischen Herrschaft zu Beginn des 19. Jahrhunderts kam es allmählich zu einer dauerhaften Ansiedlung von Juden in Hattingen. Lebten im Jahre 1812 lediglich elf Juden in der Stadt, so waren es 1824 bereits 56 – und die junge Gemeinde

richtete einen ersten Gebetsaal in einem angemieteten Haus an der Großen Weilstraße ein.

1856 wurde der Synagogenbezirk Hattingen gegründet, dem zuerst auch Linden, Dahlhausen, Wattenscheid und Gelsenkirchen angehörten. Im Jahre 1869 kam Blankenstein, 1894 Sprockhövel hinzu.

Am 13. September des Jahres 1872 konnte die Gemeinde ein besonderes Ereignis feiern und ihre neue Synagoge an der Bahnhofstraße einweihen – ein Geschenk ihres langjährigen Vorsitzenden Liefmann Gumperz.

Nach ihrer Zerstörung wurde die Synagoge abgebrochen. Gegenwärtig verläuft über den ehemaligen Standort die vierspurige Westtangente. Ein Gedenkstein auf dem Synagogenplatz erinnert an dieses Bauwerk und seine Geschichte.

Haus Treufinanz

Wie viele Bereiche der Altstadt, so war auch jener an der „Emsche"
baulich stark verfallen. Im Jahre 1968 übernahm die private Betreu-
ungsgesellschaft Treufinanz den Neubau eines Wohn- und Geschäfts-
hauses. Ein Architektenwettbewerb, der als Entwurfsgrundlagen die
besondere Charakteristik der Altstadt und ihre Kleinmaßstäblichkeit
vorgab, war eigens zu diesem Zweck ausgeschrieben worden. Das
Preisgericht war der Auffassung, dass der Siegerentwurf durch seine
Gliederung sowie das verwendete Fassadenmaterial Naturschiefer
dem denkmalgeschützten Umfeld ausreichend Rechnung getragen
hätte. Die Dachlandschaft spielte damals eine untergeordnete Rolle. Flachdächer entsprachen dem Zeitgeist.

Emscheplatz

Anders als das Haus Treufinanz gegenüber entstanden die Neubauten am Emscheplatz erst in den 80er Jahren. Dort, zwischen Steinhagen und Emschestraße, standen ursprünglich Fachwerkbauten aus dem 17. und 18. Jahrhundert und deutlich höher gebaute Gründerzeithäuser aus der Jahrhundertwende. Auch hier entschloss man sich zur Flächensanierung.

Hattingia

St.-Georg

Kirchplatz

Johannisstraße

Steinhagentor

Grabenstraße

Rathaus

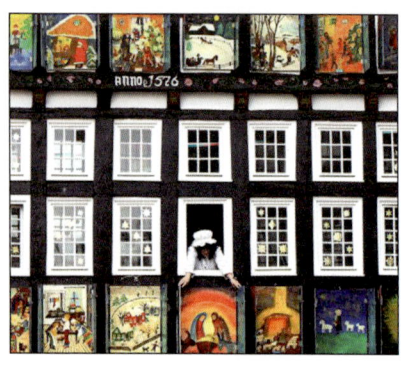 

Johannisstraße

Kirchplatz

Treidelbrunnen Obermarkt

ANNO 1596

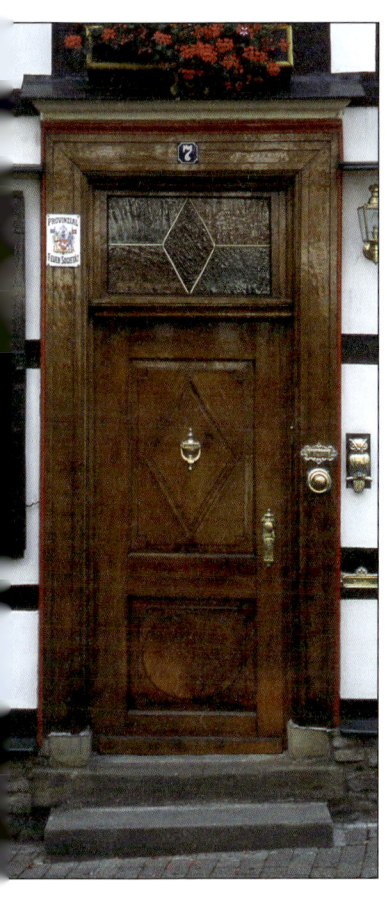

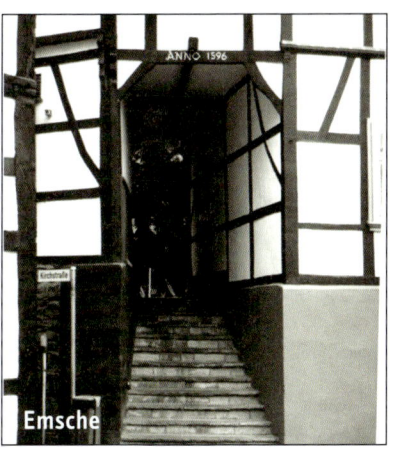

Emsche

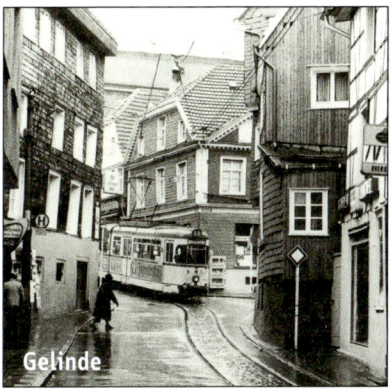

Gelinde

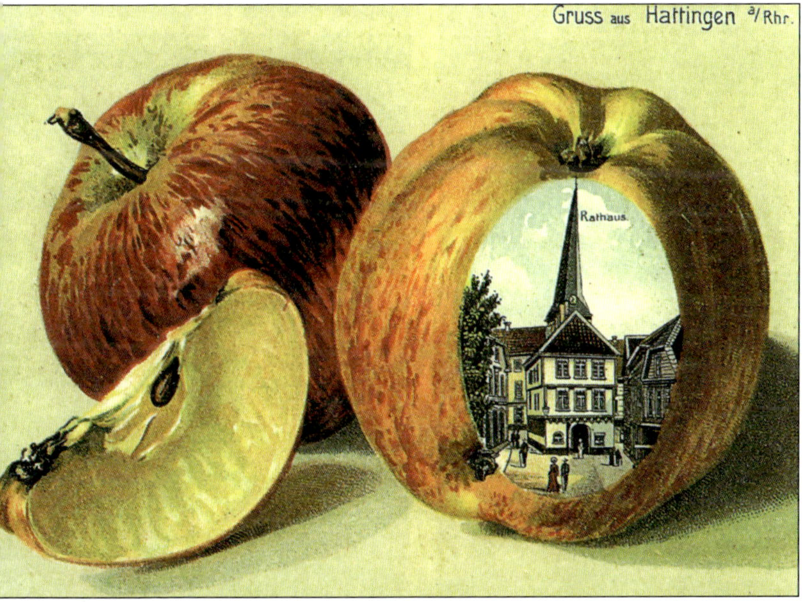
Gruss aus Hattingen a/Rhr.
Rathaus.

Grabenstraße

Steinhagen

Grabenstraße

Am Bruchtor

Blankenstein

   Hoch über der Ruhr entwickelte sich bereits im 13. Jahrhundert eine kleine Freiheit um die Burg Blankenstein.

Blankenstein _Geschichte

Es war Graf Adolf von der Mark, der von 1227 bis 1230 hoch über der Ruhr auf dem „blancken steyn" eine Burg zur Sicherung seiner Grafschaft errichten ließ. Im Schutze der Burg entwickelte sich schon bald eine kleine Siedlung für Handwerker und Gesinde, Händler, Bauern und Viehzüchter: Blankenstein. Vorläufiger Höhepunkt auf dem Weg zum Marktort war die Mitgliedschaft in der Hanse, eine entsprechende Erwähnung datiert von 1554. Die kleine Siedlung wuchs über die Grenzen der ummauerten Freiheit hinaus, es entstand ein von Fachwerkhäusern umgebener Platz, der Marktplatz, und ein Rathaus – dort, wo heute die katholische Kirche steht.

Der 30-jährige Krieg zog Blankenstein in Mitleidenschaft. Wechselnde Besetzungen von Burg und Freiheit bedeuteten Kriegsabgaben und Plünderungen. Mit dem Abbruch der baufällig gewordenen Burg 1662 schließlich wurde den Blankensteinern die Lebensgrundlage fast gänzlich entzogen: Kein Burgherr, keine Arbeit. Keine Burg, kein Schutz. Zusätzliches Unheil folgte an Pfingsten 1665: Ein Großbrand vernichtete Blankenstein fast vollständig.

Erst gegen Ende des 18. Jahrhunderts
boten der florierende Bergbau und die
Textilindustrie neue Erwerbsquellen
für die Blankensteiner. Klangvolle Namen wie Gethmann und Puth standen
für den wirtschaftlichen Aufschwung
des Ortes. Besonders Kommerzienrat
Gethmann, der stets auf das Gemein-
wohl bedacht war, hat Blankenstein
viel zu verdanken: Bereits 1808 steht
der weit über die Grenzen bekannte
„Gethmannsche Garten" allen Besuchern zur Erholung und Zerstreu-
ung offen. Die Straße „Zu den sieben
Hämmern" erinnert heute an die Hal-
bachschen Raffinierhämmer,
mit denen zu dieser Zeit im
Ruhrtal Schaufeln, Spaten und
Pfannen hergestellt wurden.
Wichtigster Arbeitgeber waren
jedoch die Seilwerke Puth, ihre
Hanf- und Drahtseile fanden
im Bergbau und in der Schiff-
fahrt Abnehmer.

Zur Jahrhundertwende wur-
de Blankenstein Mittelpunkt
des Fremdenverkehrs im Ruhrtal. Vom Bahnhof an der Ruhr
führte die „Engelsstiege" bergauf zu den Ausflugslokalen,
die mit Kaffee und Kuchen,
Musik und Tanz Besucher aus
der ganzen Region anzogen. Die 250
Jahre zuvor abgerissene Burg war zu
dieser Zeit bereits in Teilen rekon-
struiert worden.

1966 erfüllte sich der Wunsch vieler
Blankensteiner, als der so genannten
„Nominalstadt" im Zusammenschluss
mit Buchholz, Holthausen und Welper
die Stadtrechte verliehen wurden. Nur
vier Jahre später allerdings wurde
Blankenstein im Zuge der kommunalen Neuordnung Hattingen einge-
meindet.

Während Blankenstein im Mittelalter durch seine Lage abseits der großen Heer- und Handelswege und durch die exponierte Lage auf kargem Bergrücken in seiner Entwicklung gehemmt war, floss nach dem Bau der nahen Autobahn A43 der gesamte Schwerlast- und PKW-Verkehr mitten durch den historischen Ortskern in Richtung Hattingen. Nach jahrelangem Bemühen um eine Ortsumgehung konnte dann im Jahre 1995 die Trasse L 924 an den Verkehr angeschlossen werden. Parallel dazu wurde mit der Planung zur Verkehrsberuhigung und zur Neugestaltung der Hauptstraße und des Marktplatzes begonnen. Der öffentliche Raum östlich der katholischen Kirche war bereits in den Jahren 1990/91 neu gestaltet worden. Der Sicherung des Ortsbildes und der historischen Straßenzüge trägt neben den aktuell 64 eingetragenen Einzeldenkmälern eine Denkmalbereichssatzung Rechnung.

Die denkmalgerechte Neupflasterung und die Neugestaltung des Straßenraumes erfolgten in enger Abstimmung mit den Bewohnern und dem Landesdenkmalamt. Schon die erste Bürgerversammlung, an der unter anderem der Planer und das Landesdenkmalamt teilnahmen, zeigte die positive Resonanz der Bürger, die nicht nur Einverständnis, sondern auch Hilfsbereitschaft signalisierten. Kein Wunder, denn das Bewusstsein für das kulturelle Erbe ist in der Bevölkerung Blankensteins von jeher fest verankert.

Historischer Ortskern Blankenstein

Bereits seit 1990 ist Hattingen mit seinem Ortsteil Blankenstein Mitglied in der Arbeitsgemeinschaft Historische Ortskerne in Nordrhein-Westfalen. Damals zeichnete sich der Ort durch die topographische Lage und durch die umliegenden Fachwerkhäuser aus dem 17./18. Jahrhundert aus. Die Gestaltung des öffentlichen Raumes allerdings entsprach keineswegs dem historischen Anspruch und Ambiente. Eine Voraussetzung für die Aufnahme in die Arbeitsgemeinschaft war daher die Bereitschaft der Stadt, den historischen Ortskern denkmalgerecht zu erneuern. Dazu wurden Fördermittel des Landes bereitgestellt.

Die Stadt reagierte schnell und beauftragte Prof. Martin Einsele aus Karlsruhe mit einer Art Rahmenplanung für Blankenstein. Die Erneuerung des Ortskerns sollte eine Umgestaltung des öffentlichen Raumes in der Freiheit unterhalb der Burg, die Umnutzung der alten Amtshäuser als Stadtmuseum und die komplette Neugestaltung des Marktplatzes umfassen.

Der Plan von Prof. Einsele sah infolgedessen die Restaurierung der denkmalgeschützten Fachwerkgebäude, die denkmalgerechte Umgestaltung der öffentlichen Räume, eine Neugestaltung des Marktplatzes, die Schließung von Baulücken durch zeitgenössische Architektur und die Entwicklung der Industriebrache der ehemaligen Seilwerke Puth zu einem integrierten Wohnstandort mit Verbesserung der Infrastruktur vor.

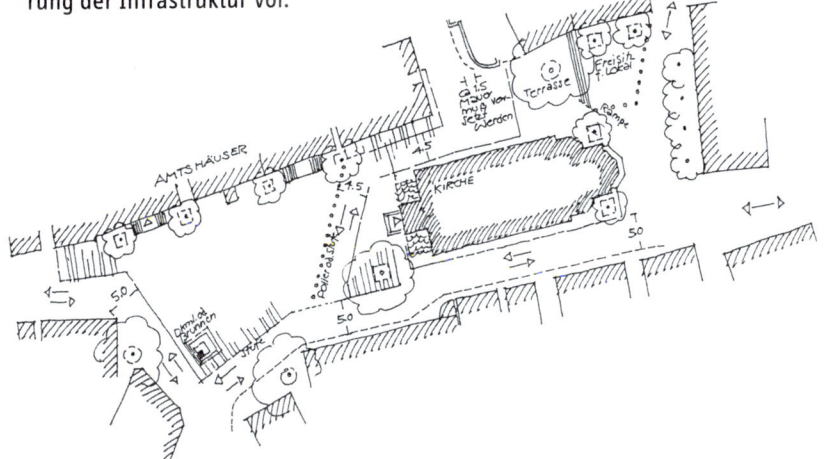

Ein Rundgang durch den historischen Ortskern Blankenstein führt Sie zu den wichtigsten Sehenswürdigkeiten des Ortes:

Markt-platz - Stadtmuse-um - **Die Kirchen** - Burg Blankenstein - **Freiheit Blan-kenstein** - ehemalige Schmie-de, **Marktplatz 6** - Gethmannsche Häuser, Hauptstraße 26 + 28 - **Geth-mannscher Garten** - Halbach-Häm-mer, „Zu den Sieben Hämmern" - **Laubergasse** - Ehemalige Schu-le, **Vidumestraße 9** - Anneke-Haus, Vidumestraße 21, **- Seilwerke Puth**

Der Marktplatz

Nach der Umleitung des Durchgangsverkehrs bekam Blankenstein mit dem neu gestalteten Marktplatz einen neuen, alten Mittelpunkt. Autofrei, mit beinahe italienischem Ambiente und durch zwei Stufen abgehoben von den umliegenden Gassen, bietet er Raum für Kommunikation und Begegnung. Das heutige Stadtmuseum, die Bürgerhäuser am westlichen Rand, das kürzlich restaurierte Fachwerkhaus und natürlich die katholische Kirche bilden mit ihren prachtvollen Fassaden eine lebendige Kulisse für das Theater Marktplatz.

Die Verleihung von Marktrechten im Jahre 1594 und die Zugehörigkeit zum Bund der Hanse bestätigten schon im Mittelalter die zentrale Bedeutung des Platzes für den kleinen Ort. Hier stand ursprünglich auch das alte Rathaus, das 1794 von der katholischen Kirche erworben wurde, um an gleicher Stelle die Kirche St.-Johann-Baptist zu errichten.

Bereits in der Mitte des 19. Jahrhunderts errang die Gastronomie in Blankenstein überregionales Ansehen. Die prägende Bruchsteineinfassade des heutigen Stadtmuseums gehörte ursprünglich zum Hotel-Restaurant „Zillertal" mit dem ersten Blankensteiner Festsaal. Von 1920 bis 1993 wurden die Gebäude als „Stuben" des Amtes Blankenstein und nach der kommunalen Neugliederung vom Baudezernat der Stadt Hattingen genutzt. Auf der westlichen Marktplatzseite fügt sich das ehemalige „Café Gieselmann" gut ins Bild, der Neubau der 1950er-Jahre an der südlichen Flanke stellt kein Äquivalent für die im Krieg zerstörte Fachwerkbebauung dar.

Bis ins Jahr 1995 war der Platz auch in anderer Hinsicht ein zentraler Punkt. So rollte nicht nur der gesamte Verkehr zwischen Hattingen und der Autobahn an ihm vorbei, er war auch Endstation der Straßenbahnlinie 8, bis sie 1969 durch Linienbusse ersetzt wurde. Mit der Verlegung des Durchgangsverkehrs wurde es auf dem Platz erheblich ruhiger, die Ideen von Prof. Einsele, der den Platz durch Anhebung um zwei Stufen, die Ecke durch eine Plastik und das Kirchenportal durch zwei großkronige Linden betonen sowie einen Durchgang zwischen den Amtshäusern als Eingang zum Stadtmuseum schaffen wollte — konnten weitgehend realisiert werden.

Man startete das Projekt unmittelbar nach dem Bau der Umgehungsstraße im Jahre 1995. Heute ist kaum vorstellbar, dass mitten auf dem Marktplatz Autos parkten und sich direkt vor dem Museum entlang quälten. Das Ziel, eine autofreie „Piazza" zu schaffen, wurde durch die Anhebung des Platzes erreicht. Zwei mächtige Sandsteinstufen trennen den Platz nun vom übrigen Fahrbahnniveau, auf viele Poller konnte verzichtet werden.

Die vordere Ecke des Marktplatzes ziert der „Blanke Stein" des Hattinger Künstlers Egon Stratmann, eine Skulptur aus drei Blöcken heimischen Ruhrsandsteins mit den natürlichen Schichten und sichtbaren Bearbeitungsspuren durch Bohrlöcher, Sägeschnitte und Meißelschläge. Ein Zeichen für den Eingang zum Museum setzt die sechs Meter hohe Stele „M53" von Prof. Bernhard Matthes. Zwei zeitlose, fast entmaterialisierte Dreiecke aus Edelstahl, an denen Wasser herunterläuft,  stehen in spannungsreichem Widerspruch zur klassizistischen Museumsfassade. Diese beiden Kunstwerke sind der einzige Schmuck des Platzes, auf eine Möblierung wurde verzichtet. Die Leere unterstreicht die Architektur der Platzwände und bietet Raum für Inszenierungen. Selbst von einer Beleuchtung durch störende Laternen konnte durch die Anstrahlung von Stadtmuseum und Kirche abgesehen werden.

Das Stadtmuseum

Die an den Marktplatz grenzenden Gebäude Kirche, Stadtmuseum und das historische Café Gieselmann bilden die Kulisse für den bühnenartig angehobenen Marktplatz. Die sorgfältig restaurierte Schaufassade des Stadtmuseums ist zweifellos das Prunkstück des Platzes und sein städtebauliches Rückgrat.

Den Geist der Architektur spiegelt die abstrakte Stele vor dem Eingang: Ein architektonisches Spannungsfeld zwischen Tradition und Moderne, das aus einem Spagat zwischen Denkmalschutz und den Anforderungen an ein zeitgemäßes Museum hervorging.

Die eleganten klassizistischen Sandsteinfassaden täuschten über den wahren Bauzustand hinweg. Stark beschädigte Fachwerkkonstruktionen, zu dünne Deckenbalken und Auflager zwangen zum Einbau von Betondecken, nur so konnten die wertvollen Fassaden Richtung Marktplatz gerettet werden. Wenngleich das Gebäude in seinem Inneren äußerst modern wirkt, sind die historischen Grundrisse und damit die Hauptstrukturen der alten Gebäude erhalten geblieben. Moderne Architektur wurde in aktueller Formensprache sensibel und maßstabgerecht eingefügt, die historische Fassade sorgfältig restauriert. Auch passende Anbauten für das Café und neue Erschließungselemente wurden entwickelt. Der Gegensatz zwischen moderner Architektur und der originalen Denkmalsubstanz erzeugt eine interessante Spannung. Sie setzt sich in der geometrischen Form des Platzes und in seiner zurückhaltenden Gestaltung fort.

In den Amtshäusern aus dem 19. Jahrhundert
laden Ausstellungen, Atelier und Café zur Begegnung und Auseinandersetzung mit Menschen,
Kunst und Kultur ein. Die Dauerausstellung führt
die Tradition des ehemaligen Heimatmuseums
im Alten Rathaus fort und erzählt Geschichte(n)
aus Hattingens Vergangenheit: die erste Frauenrechtlerin, die älteste Botenbüchse, die kleinste Münze... Im Rahmen eines anspruchsvollen
Programms werden zeitgenössische Kunst und
Kulturgeschichte präsentiert, darunter Werke
von Picasso und Matisse, eine Retrospektive
des graphischen Werks von Jörg Immendorf,
eine Ausstellung der Stiftung Bauhaus Dessau

oder jene, die vom Fo-
rum für Geschichtskul-
tur ausgezeichnet wurde:
„Zwangsarbeit in Hat-
tingen". Ob durch große
Namen, tolle Themen,
durch die bundesweiten
Aphoristikertreffen und
durch experimentelle
Workshops – das Stadt-
museum ist ein Aushän-
geschild für die Kultur
der Stadt Hattingen.

Die Kirchen

Die katholische Kirche St.-Johannes-Baptist am Marktplatz und die evangelische Kirche am Ende der Burgstraße zwischen Marktplatz und Burg spielen im Ortsbild Blankensteins eine entscheidende Rolle, denn die städtebauliche Dominanz der beiden Gebäude ist ausgeprägt.

1794 errichtete die katholische Gemeinde anstelle des baufälligen Rathauses die Kirche St.-Johannes-Baptist. Dafür musste unter anderem eine alte Gerichtslinde auf dem Marktplatz weichen. Dieser schöne Ruhrsandsteinbau, architektonisch zwischen Spätbarock und Frühklassizismus anzusiedeln, schmückt heute den Marktplatz. Und auch in seinem Innenraum offenbart er sehenswerte Kostbarkeiten wie einen Barockaltar und eine spätgotische Pietà aus der Zeit um 1450.

Nahe der ehemaligen Schlosskapelle wurde die evangelische Kirche 1767 in der Achse der Burgstraße neu errichtet. Ein zeitgenössischer Kanzelaltar, die Orgelempore und ein historischer Taufstein aus dem Jahre 1689 überraschen im Innern Kenner und Kunstinteressierte. Weitere Informationen lesen Sie im Kapitel Kirchen.

Burg Blankenstein

Im frühen 13. Jahrhundert hoch über der Ruhr von Graf Adolf von der Mark errichtet, ist die Burg Blankenstein, genauer gesagt ihre Ruine, noch heute eine Landmarke im mittleren Ruhrtal und das Wahrzeichen Blankensteins. Der erhaltene, 30 Meter hohe Torturm ist leicht zu besteigen und bietet eine phantastische Aussicht über die Ruhrlandschaft von Essen bis Dortmund. Neben den Burgmauern sind nur noch die Grundmauern der Burg erhalten, der historische Grundriss der Burg ist damit aber noch deutlich zu erkennen.

Das heutige Restaurant wurde erst im 19. Jahrhundert durch Gustav vom Stein aufgebaut. Auch ihre Gastfreundschaft hat Burg Blankenstein zum beliebten überregionalen Ausflugsziel gemacht. Für Gesprächsstoff unter den Gästen sorgt bisweilen eine Kuriosität am Rande: Die Burg liegt auf Hattinger Stadtgebiet, ist aber im Besitz der Stadt Bochum, übrigens genauso wie Haus Kemnade.

Die Freiheit

Nach der Errichtung der Burg Blankenstein wurden innerhalb der äußeren Befestigungsmauer Handwerker ansässig. Graf Adolf von der Mark stattete die Siedlung mit besonderen Freiheitsrechten aus, die neben dem Schutz der Burg einen zusätzlichen Anreiz bieten sollten, sich auf dem abgelegenen, kargen Bergrücken niederzulassen. Die „Freyheit Blankenstein" lag geschützt hinter einem Wallgraben mit Tor und Mauer. Ein Teil dieser Mauer ist noch heute als Rückwand des Hauses Freiheit 1 erhalten. Am Pfingstmontag des Jahres 1665 brach ein Feuer aus, das fast das ganze Städtchen in Schutt und Asche legte. Die heutigen Häuser der Freiheit wurden auf den alten Fundamenten wieder aufgebaut.

Städtebaulich ist die „Freiheit" insofern interessant, als sie exakt der Topographie des Burggrabens folgt. Vom Burgturm aus kann man die ringförmige Anlage recht gut nachvollziehen.

Ehemalige Schmiede, Marktplatz 6

Das Häuschen auf dem Grund des großen Fach-
werkgebäudes Marktplatz 5 (Michels Gut) ist als
Schmiede eines Ackerbürgerhauses ursprünglich
für den eigenen Herstellungs- und Reparaturbe-
darf errichtet worden. Trotzdem ist es auch ein
Beispiel für die handwerklichen Erwerbsquellen
im frühindustriellen Blankenstein. Der Schmied
Wilhelm Grote (1822-1879) fertigte hier später
Zulieferungen für die Drahtseilherstellung in
den Seilwerken Puth. Als Grote verstarb, wurde
die Schmiede aufgegeben und zu einem Wohnhaus umgebaut.

Gethmannsche Häuser, Hauptstraße 26 / 28

Mitte des 16. Jahrhunderts bekleidete Johann von der Recke das Amt des Drosten auf Burg Blankenstein. Sein Bruder Henrich von der Recke lebte zunächst als Propst im katholischen Köln, musste die Stadt als Anhänger der Reformation jedoch bald verlassen. In Blankenstein erwarb er ein großes Grundstück am westlichen Ausgang der Stadt, auf dem er 1561 ein Haus errichten ließ: die so genannte „Propstei".

Carl Friedrich Gethmann, Tuchhändler, Bergwerksbesitzer und Reeder (1772-1865) erwarb dieses Grundstück im Jahre 1821 und ließ auf den historischen Fundamenten für seinen Sohn Wilhelm ein Wohnhaus sowie ein stattliches Gesindehaus im typischen Baustil des Bergischen Landes errichten. Mitte des 17. Jahrhunderts verlegte die Familie Gethmann ihren Stammsitz ins Haus Hauptstraße 12, das ab 1879 als „Hotel Petring" genutzt wurde.

Gegenüber strahlen die Häuser Hauptstraße 26 und 28 mit ihrem repräsentativen Aufgang zu den Privatgärten noch heute etwas Herrschaftliches aus.

Der Gethmannsche Garten

Der prachtvolle Park auf der Anhöhe hinter seinem Haus ist das Lebenswerk von Carl-Friedrich Gethmann. Er sollte in seinem Sinne „allen Mitbürgern und Naturfreunden zum Mitgenuss offen stehen." Eine besondere Ehre war ihm der Besuch des Kronprinzen Friedrich Wilhelm IV., der 1833 nach Blankenstein kam, um den viel gerühmten Garten zu sehen. Als Erinnerung an seinen Besuch stiftete der Kronprinz eine Bronzebüste mit dem Abbild seines Vaters Friedrich Wilhelm III. Diese wurde 1834 auf dem nach diesem Ereignis benannten Königsplatz aufgestellt.

Carl-Friedrich Gethmann begann bereits 1806 als Bauherr und Gartenarchitekt mit der Anlage des öffentlichen Landschaftsgartens auf einem ungepflegten Nordhang über der Ruhr. Der sozial engagierte Unternehmer sah in dem Park eine Begegnungsmöglichkeit für verschiedene gesellschaftliche Schichten – mit dem Ziel, die Verfeinerung der Sitten der unteren Klassen zu erreichen. Das 25 Morgen große Gelände wurde durch Aufschüttungen modelliert und mit Architekturelementen wie Sitzplätzen, Grotten und einem Belvedere ausgestattet.

Durch die Bepflanzung wurden Blickachsen und Ausblicke definiert. Diese Ausblicke, besonders jener vom Belvedere ins Ruhrtal, wurde von Gethmann in seinen Aufzeichnungen romantisch verklärt – so findet etwa das nächtliche Funkensprühen der Schmiedehämmer dort Erwähnung. Seit 1928 ist dieser Teil der Gärten in öffentlichem Besitz, im Gegensatz zum Terrassengarten, der nicht zugänglich ist. Von der Hauptstraße führen einige Stufen auf einen Hof zwischen den Häusern Hauptstraße 26 und 28, dem Wohnhaus und der Schule – allesamt Bürgerhäuser im klassizistischen Stil, schieferverkleidet, mit weißen Sprossenfenstern und grünen Fensterläden. Vom Hof aus führt eine weitere Steintreppe auf die höher liegenden Terrassen, die bis zu einem offenen, hölzernen Pavillon ansteigen. Dabei ist die Mittelachse frei zur Durchsicht, der Weg schmiegt sich an den Terrassenrändern entlang. Vom Pavillon aus sieht man weit ins Ruhrhügelland.

Beide Gärten sind bedeutende Baudenkmäler. Während der Terrassengarten in Konzept und Anlage unverändert ist, dokumentiert der Landschaftsgarten trotz Verfalls und Wachstums die ursprünglichen Absichten und den Wandel von einem frühindustriellen Idyll zu einem spätindustriellen Denkmal.

Halbach Hämmer, „Zu den Sieben Hämmern"

Wie aus einer Inschrift des alten Kontorge-
bäudes hervor geht, ließ Johann Arnold Halbach
zu Müngsten in Remscheid auf dem Gelände der
Blankensteiner Kornmühle im Jahre 1804 die
fünf Gebäude der Halbach-Hämmer errichten.
Sein Stammwerk an der Wupper litt unter den
ungünstigen Wasserverhältnissen in den Sommermonaten. Die Produktpalette umfasste Sen-
sen, aber auch Schaufeln, Spaten oder Pfannen,
so genannte Breiteware. Von einem Nachfolger
Halbachs ist die Herstellung einer „Riesenpanne"
mit einem Fassungsvermögen von 48 Koteletts
überliefert.

Die technische Weiterentwicklung und die
widrigen Transportverhältnisse führten dazu,
dass die Halbach-Hämmer 1906 aufgegeben
und sieben Jahre später abgebrochen wurden.
Nur das Kontorgebäude ist bis heute erhalten
und dient nun dem Ruderverein Blankenstein
als Vereinsheim.

Laubergasse

In dieser kleinen unscheinbaren Gasse, die etwa parallel zur Hauptstraße aus dem Ortskern heraus führt, erwarten den Besucher einige erwähnenswerte Besonderheiten. So fällt zum Beispiel ein kleines Fachwerkhaus durch seinen Hausbalken mit der Jahreszahl 1666 auf: sicherlich eines der ältesten Häuser überhaupt in Blankenstein.

Direkt gegenüber traut man seinen Augen kaum. Ein überaus moderner Betonbau bildet mit seiner Traufseite die Begrenzung der Gasse. Sicherlich halten noch heute viele dieses Gebäude für einen Aprilscherz der Denkmalpflege, scheint es doch zunächst nicht zu den Fachwerkhäusern der Umgebung zu passen. Auf den zweiten Blick fügen sich Maßstab und Proportionen, also die äußeren Umrisse des Hauses, aber durchaus in die Umgebungsbebauung ein. Das Gebäude nimmt – wenn auch in ungewohnter Form – auf die Denkmäler Rücksicht und ist damit ein interessantes Beispiel für das harmonische Neben- und Miteinander von Alt und Modern. Dieser Gedanke übrigens ist nicht neu: Jeder historische Bau war in seiner Entstehungszeit ein moderner Neubau und stellte sich bewusst gegen den geltenden Stilkanon.

Ein paar Schritte weiter in Richtung Markt zeigt ein moderner Anbau an ein Fachwerkhaus ebenfalls neue Formen der Denkmalpflege: Altes erhalten, Neues zeitgenössisch, aber maßstäblich dagegensetzen, lautet das Motto. Anders gesagt: Die Zeit steht nicht still, aber die Geschichte bleibt.

Ehemalige Schule, Vidumestraße 9

Die evangelische Schulgemeinde ließ dieses Gebäude 1860 als Schulhaus errichten. Bis 1873 wächst die Schülerzahl auf 230 Knaben und Mädchen. Sie alle werden von einem Lehrer unterrichtet, sowohl vormittags als auch nachmittags. 1898 bezog die Schule das neue Gebäude in der Vidumestraße 31, heute die Grundschule Alt-Blankenstein.

Das ehemalige Schulhaus wurde zunächst als Gemeindehaus und später als Kindergarten der evangelischen Kirche genutzt. Seit es im Jahre 1989 verkauft wurde, dient es reinen Wohnzwecken.

Seilwerke Puth

Eine erhaltene Bruchsteinwand ist das letzte steinerne Zeugnis der traditionsreichen Seilwerke Puth. Heute verbirgt sich ein Lebensmittelmarkt hinter ihr, früher verließen hier tonnenschwere Förderseile ihre Produktionsstätte.

Im Jahre 1848 machte sich Firmengründer Heinrich Puth als Seiler in Blankenstein selbständig. Die in Handarbeit hergestellten Drahtseile spielten im Bergbau des Ruhrgebietes eine wichtige Rolle. Das Unternehmen wuchs, später wurde eine eigene Drahtzieherei eingerichtet. In den Jahren 1955 - 1975 beschäftigte Puth bis zu 500 Mitarbeiter, ehe man nach dem Niedergang des Bergbaus 1981 Konkurs anmelden musste.

Die Produktionshallen wurden entfernt, die Hattinger Wohnstätten eG errichtete auf dem Gelände im Jahr 2004 moderne Wohnungen.

Seilwerke Puth_heute

Seilwerke Puth_historisch

Evangelische Kirche

Freiheit

Hauptstraße 26 / 28

Neubebauung Seilwerke

Alte Amtshäuser 1988 – heute Stadtmuseum

Gruss aus Blankenstein

Ruhr.

Egon Stratmann_Hüttenkampf 1987

Henrichshütte und Welper

Bei der 1854 gegründeten Henrichshütte handelt es sich um eines der traditionsreichsten Hüttenwerke des gesamten Ruhrgebietes. Zeitweise fanden hier über 10.000 Menschen Arbeit. Rund um das Werk entstanden im Ortsteil Welper bedeutende Arbeiterkolonien, unter anderem die Gartenstadt Hüttenau von Prof. Georg Metzendorf.

150 Jahre Henrichshütte in Hattingen
von der Schwerindustrie zum Industriemuseum

Zwar wurde gegen den erbitterten Widerstand der Belegschaft und der ganzen Region 1987 der letzte Hochofen ausgeblasen, doch gibt es eine neue Bestimmung für die Henrichshütte: Der älteste Hochofen im Ruhrgebiet wurde unter Denkmalschutz gestellt und gemeinsam mit der Gebläsehalle und den Erztaschen in das Westfälische Industriemuseum des Landschaftsverbandes Westfalen-Lippe integriert.

Durch Erz- und Koksbunker führt der Weg des Eisens über einen gläsernen Aufzug hinauf zum Hochofen 3 und wieder hinab in die Gießhalle, wo einst Schlacke und Eisen abgestochen wurden. Auf ihrem „Weg des Eisens" treffen die Besucher auf Zeitzeugen, Frauen und Männer, die in den Betrieben der Hütte Dienst getan haben. Sie erzählen vor Ort ihre Geschichten vom Arbeiten und Leben mit Eisen und Stahl.

In der ehemaligen Gebläsehalle wird künftig ein Museum die unterschiedlichen Verfahren zur Eisen- und Stahlherstellung anschaulich machen. Darüber hinaus wird die Gebläsehalle als Veranstaltungsstätte genutzt. Mit ihren ca. 1.000 Sitzplätzen, Konferenzräumen und Gastronomie ist sie auf der „Route der Industriekultur" eine wichtige Station zum Strukturwandel im Ruhrgebiet.

Für die Historie der Schwerindustrie im Ruhrgebiet spielt die denk-malgeschützte Hochofenanlage eine herausragende Rolle. Aus verschie-denen Perspektiven erfährt man hier alles über Leben und Arbeiten auf der früheren Hütte. So dokumentiert der „Grüne Weg" das Leben auf der Industriebrache nach der Stilllegung: wilder Majoran, stinkender Storchschnabel, Götterbäume und Turmfalken – allesamt Bewohner des neuen Naturparadieses. Der „Weg der Ratte" durch die Henrichshütte ist längst nicht nur für die Kleinen ein Riesenspaß. Hier können auch große Neugierige auf den Spuren des Nagers die Hütte in der Hocke entdecken.

In den Felsen des Ruhrhanges wurde im Zweiten Weltkrieg ein Luftschutzstollen angelegt, der nach Vereinbarung im Rahmen einer beeindruckenden Führung besichtigt werden kann.

Die Henrichshütte und Arbeiterwohnen in Hattingen-Welper

Die Entwicklung des Ortsteils Welper von einer Bauernschaft zur Industriegemeinde war von der Henrichshütte bestimmt worden. Die Gemeinde Welper liegt nordöstlich der Stadt Hattingen auf dem Welper Berg oberhalb der Ruhr und bestand um 1843 aus sieben Bauernhöfen, zwanzig Kotten und dem Adelssitz Haus Bruch. Nach der Entdeckung des Spateisensteins und aufgrund der lange bekannten Kohlevorkommen erwarb Graf Henrich zu Stolberg-Wernigerode (Harz) Haus Bruch mitsamt seinen Ländereien, um hier ein Hüttenwerk zu gründen. Die Konzessionsurkunde für den Bau und Betrieb dieses ersten modernen Hochofenwerkes an der Ruhr vom 13. Oktober 1854 war gleichsam die „Geburtsurkunde" des „neuen" Welper.

Mit dem Wachstum der Henrichshütte entstand weiterer Wohnraumbedarf. Zunächst in unmittelbarer Nähe des Hüttengeländes und später auf dem Welper Berg entstehen erste Arbeitersiedlungen, um Fachkräfte und Wanderarbeiter zu binden. Werkswohnungen, ein eigenes Krankenhaus (das erste in Hattingen), der Werkskonsum, Schule, Werkskindergarten und dergleichen machen die Hüttenwerkszugehörigkeit attraktiv.

Die ersten Unterkünfte

In den Anfängen der Hütte gab es viele Wanderarbeiter und Ledige, die als Kostgänger unterwegs waren.
Ein Kommen und Gehen bestimmte die neue Ära der
Industrie. Die Unterbringung der ersten Gastarbeiter
aus Belgien, England, Schottland und Hessen erfolgte
in Baracken, die auf dem Werksgelände aufgestellt
wurden. Ein großer Teil der Facharbeiter fand Un-
terkunft in der Hattinger Altstadt, wo vorhandener
Wohnraum verdichtet wurde. Die ersten werkseigenen
Arbeiterhäuser wurden auf dem Gelände des ehemaligen Rittergutes Haus Bruch im Lohfeld errichtet,
zunächst für die Facharbeiter aus dem Harz.

„Harzer Häuser" – Henschelstraße

Diese Werkshäuser, zweigeschossige Einfamilien-Reihenhäuser mit je Zwei- bzw. Drei-Zimmer-Wohnungen, wurden nach 1860 in der Henschelstraße errichtet. Die angeworbenen und dringend benötigten Hüttenfachleute aus dem Harz sollten möglichst nicht nach wenigen Monaten heimwärts ziehen. Die Fassaden, teils verputzt, teils mit Schiefer oder Holz verkleidet, spiegeln aus diesem Grund die Harzer Architektur wieder: Sie sollten den Harzer Hüttenfachleuten ein Heimatgefühl vermitteln. Die Häuser wurden 1983 modernisiert und stehen heute unter Denkmalschutz.

Auf der südwestlichen Straßenseite entstanden 1904/05 Mehrfamilien-Wohnhäuser im Auftrag der Firma Henschel & Sohn. Dieses aus dem Lokomotivbau bekannte Unternehmen aus Kassel – es hatte für ihre Produktion einen enormen Eisen- und Stahlbedarf – erwarb die Henrichshütte im Jahre 1904. Die Anzahl der Mitarbeiter schnellte und damit der Bedarf an Wohnraum nach oben. Die Gestaltung der Gebäude war schlicht und zweckorientiert.

Müsendrei

Die Spateisenzeche Müsen III sollte die Erzversorgung der Henrichshütte gewährleisten. Ihre Ausbeute blieb aber schon früh hinter den Erwartungen zurück. So wurde die Zeche bereits Anfang der 1870er Jahre geschlossen und das Schachtgebäude zu einem Wohnhaus umgebaut.

Ab 1907 ließ die Firma Henschel & Sohn 24 Doppelhäuser im Stil einer Zechensiedlung um das ehemalige Schachtgebäude erbauen. Da die Eisensteinzeche aber schon lange geschlossen war, handelt es sich nicht um eine Zechensiedlung im engeren Sinne. Die Bewohner waren keine Bergleute, sondern Arbeiter der Henrichshütte.

Das Erscheinungsbild der eingeschossigen Häuser wird durch eine schlichte Lochfassade mit Ornamentik aus Ziegelmauerwerk im Bereich der Fenster, Türen, Rundbögen und der Giebel geprägt. Die Fenster sind mit grünen Blendläden versehen. Bei den rückwärtigen, einheitlichen Anbauten handelte es sich ursprünglich um Ställe, zusammen mit den Gartenflächen dienten sie der Selbstversorgung der Hüttenarbeiter.

Für die Siedlung, die sowohl von städtebaulicher als auch von geschichtlicher Bedeutung ist, besteht eine Denkmalbereichsatzung. Dieses Instrument der Denkmalpflege zielt weniger auf den Erhalt einzelner Gebäude als vielmehr auf die Bewahrung eines einheitlichen Erscheinungsbilds, z.B. einer Siedlung, ab.

Gartenstadt Hüttenau

Anlass für den Bau der Gartenstadt Hüttenau war die Erweiterung und Modernisierung der Henrichshütte, durch die Lokomotivfabrik Henschel und Sohn und der dadurch bedingte Zuzug neuer Arbeiter und Angestellter. Die hohe Fluktuation der Belegschaft, auch durch die schlechten Wohnbedingungen verursacht, sollte durch eine langfristige Ansiedlung der Hüttenarbeiter gestoppt werden.

Der Blankensteiner Amtmann Karl Thiel identifizierte sich mit dem Gartenstadtkonzept des Sir Ebenezer Howard, welches beinhaltete, „dass zu einer freien Entfaltung des Menschen wesentlich ein Leben und Wohnen in freier Natur gehöre und dass dies kein Vorrecht der Begüterten sein dürfe, sondern auch der unteren Schichten. Die Proletarier sollten sich so in genossenschaftlicher Selbsthilfe aus dem Elend befreien. – durch Bildung von Wohneigentum möglichst im Grünen".

Im Oktober 1909 wurde die gemeinnützige Wohnungsbaugenossenschaft „Gartenstadt Hüttenau" gegründet. Mit der Planung der neuen Gartenstadt wurde der Architekt Prof. Georg Metzendorf beauftragt, der sich mit der Krupp-stiftung Margarethenhöhe in Essen einen Namen gemacht hatte.

Der Bebauungsplan von 1909 / 10 legte die Größe der Straßen, der Parzellen mit Bebauung und Gartennutzung und die Anordnung der Sonderbauten, wie Gemeindeamt, Schule, Turnhalle, Sportplatz, ev. Gemeindehaus, kath. Kirche und Gemeindegasthaus, fest. Der Erschließungsstandard der Bauflächen war überdurchschnittlich hoch. Befestigte Straßen und Bürgersteige, eine Kanalisation, unterirdische Be- und Entwässerung und der Anschluss an Elektrizität waren für die Bauzeit keineswegs selbstverständlich.

Der erste historische Spatenstich für 84 Häuser erfolgte am 15. Juni 1910. Die Häuser wurden in massiver Bauart errichtet. Vom Fundament bis zum Sockel in Bruchstein, darauf Ziegelmauerwerk, das mit grauem Putz versehen wurde. Vorspringende Mittelrisalite, Gesimsbänder und Stuckelemente sollten die Fassaden gliedern und beleben. Als Dachformen wählte man Sattel- oder Walmdach, ursprünglich mit grauschwarzen Hohlziegeln gedeckt.

Die Anordnung der Haustypen erfolgte nach gestalterischen Maßstäben und unter Berücksichtigung der Straßenachsen sowie der geplanten Einrichtung öffentlicher Plätze. Metzendorf verstand es, mit wenigen verschiedenen Haustypen in einer einheitlichen Architektursprache eine harmonische Gartenstadt zu entwerfen, die trotz ihrer Gleichförmigkeit nicht monoton wirkt.

Denkmalschutz und Denkmalpflege

Seit 1983 sind die Harzer Häuser in der Henschelstraße eingetragene Baudenkmäler. Auch das einheitliche Erscheinungsbild der Zechensiedlung Müsendrei ist erhalten geblieben und durch eine Denkmalbereichssatzung geschützt. Inzwischen wurde die Siedlung privatisiert, was sämtliches Bemühen, die Belange des Denkmalschutzes durchzusetzen, deutlich erschwert hat.

Nur das potenziell größte Flächendenkmal auf Hattinger Stadtgebiet, die Gartenstadt Hüttenau, ist bis heute nicht geschützt, obwohl alleine der Name des Architekten Metzendorf ihren Denkmalwert begründen könnte. Die betreffenden Häuser wurden bereits in den 1960er Jahren an die Ansiedler verkauft und somit der individuellen Gestaltung, dem Zeitgeschmack und den persönlichen Vorlieben preisgegeben. So hat man Verzierungen abgeschlagen oder unter einer Wärmedämmung verschwinden lassen, Fenster, Türlaibungen und ganze Fassaden wurden gefliest oder verklinkert, Türen und Fenster vergrößert oder erneuert.

Das neue uneinheitliche Erscheinungsbild der Gartenstadt Hüttenau ist aus diesen Gründen im Sinne des Denkmalschutzgesetzes nicht mehr schützenswert, obwohl der nahezu komplett erhaltene Straßengrundriss die historische Gesamtanlage noch erahnen lässt. Nur wenige Häuser weisen letztlich noch Spuren der architektonischen Gestaltung von Prof. Metzendorf auf.

Abriss des Stahlwerks 2005

Skulptur Paolo Schiavocampo

Gebläsehalle

Birschels Mühle

Drei-Burgen-Stadt

Verwinkelte Gässchen, kleine Lädchen, viele gemütliche Straßencafés und jede Menge Flair – Hattingen, am südlichen Rand des industriell geprägten Ruhrgebiets, ist nicht nur sehenswert, es ist auch anders als viele Ruhrgebietsstädte: Der historische Stadtkern hat hier die Stürme der Zeit überdauert, seine sorgsam restaurierten Fachwerkhäuser bezaubern mit ihrem Charme Besucher und Bewohner gleichermaßen. Nebenan, auf dem Gelände der ehemaligen Henrichshütte, steht der in seiner Art älteste Hochofen des Ruhrgebiets als stolzes Wahrzeichen für das Revier und seine Industriekultur. Und dieser spannungs- und stimmungsvollen Kulisse setzen – sucht man eine mächtige, weithin sichtbare Burganlage zunächst auch vergebens – gleich drei Burgen buchstäblich die Kronen(n) auf.

Burg Isenberg

Diese beachtliche Höhenburg, auch Isenburg genannt, liegt etwa fünf Kilometer südwestlich des historischen Stadtkerns auf dem Isenberg. Obwohl sie mit fast 250 Meter Länge einst eine der größten Burgen Westdeutschlands war, hat sie nur wenige Jahrzehnte überstanden. Mehr als 700 Jahre war sie im wahrsten Sinne des Wortes „vom Erdboden verschwunden", bis durch Ausgrabungen ihre ursprüngliche Größe und Faszination wieder offenbar wurde.

In den Jahren von 1193 bis 1200, zu einer Zeit, als Hattingen aus einer Ansammlung von vereinzelten Gehöften bestand, ließ Graf Arnold von Altena die Burg gemeinsam mit seinem Bruder, Erzbischof Adolf von Köln, erbauen. Zwar war ihre Lage nahe einer Furt über die Ruhr ohnehin recht günstig, doch lag der Grund für den Bauplatz der Burg eher in der unmittelbaren Nachbarschaft zum isenbergischen Vogteibesitz: Die Verwaltung der kirchlichen Güter und Besitzungen in über 600 Orten war eine wichtige Einnahmequelle.

Die Isenburg war jedoch mehr als nur ein Verwaltungssitz. Die Burg – ihre weiß verputzten Außenmauern waren im Ruhrtal bereits aus der Ferne sichtbar – teilte sich in zwei etwa gleich große Komplexe: die Unterburg und die Oberburg. Mit dem einzigen Zugang zur Burg fungierte die Unterburg als Wirtschaftsbereich der Burganlage. Hier lebten und arbeiteten die Handwerker und Burgmannen und betrieben die Verarbeitung von Eisen – daher übrigens der Name „Isenburg" gleich „Eisenburg".

Die Oberburg war als Wohnsitz der gräflichen Familie vorbehalten. Der dreiflügelige Palasbereich um die repräsentative Torhalle entsprach in allen Belangen den Ansprüchen eines der bedeutendsten Hochadelsgeschlechter in Westfalen.

Gekrönt wurde die Anlage durch den Bergfried, den Hauptturm der Burg. Auch wenn sich die ursprüngliche Höhe nicht mehr exakt ermitteln lässt, vermitteln seine Breite von 20 Metern und die Mauerstärke von 6,5 Metern an der schmalsten Stelle einen Eindruck von den Dimensionen eines der monumentalsten Turmbauten des hochmittelalterlichen Burgenbaus.

Doch warum, mag man sich fragen, ist eine derartig mächtige Burganlage nicht bekannter geworden? Ihre kurze Bestandszeit von gerade einmal 25 Jahren und die vollständige Zerstörung der Burg dürften dafür hinreichende Erklärungen sein.

Die Geschichte des letzten Isenbergers dagegen blieb über die Jahrhunderte im Bewusstsein der Menschheit: Um das Jahr 1209 trat Friedrich, der jüngere Sohn des Grafen Arnold von Altena-Isenberg, das väterliche Erbe an, nachdem der Vater und sein älterer Bruder verstorben waren. Er begleitete den welfischen Kaiser Otto IV. auf dessen Italienzügen und heiratete 1214 Sophia, die Tochter des Herzogs von Limburg an der Vesdre (Belgien). Als junger Familienvater bezog Graf Friedrich nun dauerhaft die Isenburg und nannte sich Graf von Isenberg. Doch das Familienglück war nur von kurzer Dauer. 1220 kam es zum Streit um den Isenberger Vogteibesitz am Reichsstift Essen. Der Kölner Erzbischof Engelbert von Berg, Sohn des Großonkels Friederichs, beanspruchte den Besitz für sich. Graf Friederich wollte auf seine Rechte jedoch nicht verzichten und ließ seine Vogteigüter in einem bis heute erhaltenen Dokument aufzeichnen. Die Verhandlungen zwischen dem Kirchenfürsten und dem Grafen führten zu keinem Ergebnis. So kam es am 7. November 1225 zum verhängnisvollen Überfall auf den Erzbischof im Hohlweg zu Gevelsberg. Der ursprünglich mit dem Ziel der Gefangennahme geplante Angriff misslang, und der Erzbischof, Reichskanzler und Erzieher des kaiserlichen Sohns kam ums Leben. Friedrich von Isenberg wurde als Hauptschuldiger von der Kirche gebannt und vom König geächtet.

Der neue Erzbischof von Köln nutzte die Gelegenheit zu einem großen Rachefeldzug, um die Macht der Isenberger zu brechen. Ohne Aussicht auf Unterstützung musste die Besatzung der Isenburg ihre eigentlich als uneinnehmbar geltende Burg kampflos übergeben und deren vollständige Zerstörung hinnehmen. Graf Friederich wurde ein Jahr später gefangen genommen und vor dem Severinstor in Köln durch das Rad grausam hingerichtet.

Sein ältester Sohn Dietrich konnte nach jahrzehntelangen Auseinandersetzungen, Teile des isenbergischen Besitzes zurückgewinnen. Die um 1240 errichtete Neu-Isenburg (Essen) sollte die Ansprüche auf die Vogteien unterstreichen, fiel aber bald an den Erzbischof und wurde 1288 zerstört. Dietrich blieb die ebenfalls neu errichtete Burg Limburg (Hagen-Hohenlimburg). Den größten Vorteil aus dem Fall der Isenberger zog übrigens ein Vetter des Grafen Friederichs, Graf Adolf von der Mark. Er besetzte die meisten isenbergischen Güter und legte so die Grundlage für die Grafschaft Mark, die bis zum Beginn des 19. Jahrhunderts Bestand hatte.

Das heutige Erscheinungsbild der Burgruine ist nicht allein ein Ergebnis der Ereignisse des 13. Jahrhunderts. Auch das 19. und 20. Jahrhundert haben deutliche Spuren hinterlassen, denn Ende des 18. Jahrhunderts wurde das preußische Domänengehölz Isenberg verkauft und als Ruinensteinbruch ausgeschlachtet. 1858 errichte-

te der Düsseldorfer Hofbaumeister Max Josef Custodis darauf sein Landhaus, nach ihm bis heute „Haus Custodis" genannt. Wenige Jahre später wurde ein Steinbruchbetrieb an der Nordostspitze des Isenbergs errichtet, der entlang der Ostseite stetig ausgebaut wurde. Ihm fiel bis in die ersten Jahrzehnte des 20. Jahrhunderts fast ein Drittel der Burgfläche zum Opfer. Die Zerstörung der Natur löste schon damals erhebliche Proteste aus. Kulturelles Zeugnis dieser Zeit ist die Freilichtbühne Isenberg, die als Aufführungsort der „Freilichtspiele Isenberg" 1933 an der Südwand des Burggrabens angelegt wurde. Mit Stücken wie „Der sterbende Berg" (Emil Frei) wurde der zerstörerische Steinbruchbetrieb angeprangert.

Zum Gegenstand archäologischer Forschungen wurde die Isenburg jedoch erst 1969, als der Hattinger Gymnasiallehrer und Kreisheimatpfleger Dr. Heinrich Eversberg gemeinsam mit einer Schülerarbeitsgemeinschaft begann, die Mauerreste freizulegen. In insgesamt über 20 Jahren ehrenamtlicher Tätigkeit brachte die so genannte „Buddel-AG" die Burg Stück für Stück wieder ans Tageslicht. Heute betreut und pflegt der Verein zur Erhaltung der Isenburg e.V. die Burganlage und das kleine Museum im Haus Custodis.

Burg Blankenstein

Burg Blankenstein liegt sieben Kilometer westlich der Hattinger Altstadt auf den Höhen über der Ruhr im gleichnamigen Ortsteil. Die Geschichte ihrer Erbauung ist eng mit dem Schicksal der Isenburg verknüpft. Nach der Zerstörung der Isenburg 1225/26 nutzte Graf Adolf von der Mark die Gunst der Stunde und erhob Anspruch auf den Isenberger Besitz. Zur Wahrung seiner Ansprüche beauftragte er den Drosten Ludwig von Boenen mit dem Bau einer Burganlage in Sichtweite der Isenburg, die nicht nur den Grenzbereich sichern, sondern auch eventuelle Bemühungen um einen Wiederaufbau der Isenburg verhindern sollte. Die weit verbreitete Vermutung, das Bauwerk wäre aus den Steinen der Isenburg errichtet worden, konnte bisher nicht belegt werden.

Da Graf Adolf von der Mark seinen Hauptwohnsitz in der um 1200 errichteten Burg Mark bei Hamm hatte, wurde Burg Blankenstein nicht als Dynastenburg, sondern als Verwaltungssitz und militärischer Stützpunkt errichtet. Die Hauptburg bestand aus einem Torturm und der Ringmauer, dem Bergfried, einem Wohn- und Verwaltungsgebäude für den Drosten sowie einigen Nebengebäuden für die Besatzung der Burg. Erst im 14. Jahrhundert wurde die nordwestliche Seite durch den Engelbert-Turm zusätzlich abgesichert.

Man geht davon aus, dass Burg Blankenstein bereits um 1230 fertiggestellt war, die erste urkundliche Erwähnung erfolgte jedoch erst 1243. Die frühen Jahrzehnte der Burg standen im Zeichen von Auseinandersetzungen der Grafen von der Mark mit der Kölner Kirche. 1250 und 1254 brannten märkische Burgmannen den Deutzer „hoeff von Hattnegge" nieder, 1263 zerstörten wiederum Reiter des Erzbischofs von Köln das märkische Dorf Hattingen und wurden auf dem Rückzug vom Blankensteiner Drosten Bernd Bitter in der „Schlacht an der Koppel" vernichtend geschlagen.

In der ersten Hälfte des 15. Jahrhunderts prosperierte Burg Blankenstein. 1425 war der Ausbau der Burg inklusive Fertigstellung eines neuen Herrenhauses, dem „Neuen Sadel", abgeschlossen. Die Burg wurde zu den vier Hauptschlössern der Grafschaft Mark gezählt.

Doch die Zeit der Blüte war kurz. Schon 1461 musste der verschuldete Landesherr Herzog Johann I. von Kleve Amt und Burg Blankenstein verpfänden. Für nötige Reparaturarbeiten fehlte das Geld. 1535 schließlich wies der Engelbert-Turm einen großen Mauerriss auf und musste abgebrochen werden. Aber es kam noch schlimmer: Im 30-jährigen Krieg besetzten und plünderten Spanier, Holländer und Hessen nacheinander die Burganlage.

Mit der Schlacht bei Worringen 1288 schließlich waren die Großmachtbestrebungen der Kölner Erzbischöfe gebrochen und es kehrten ruhigere Zeiten ein. Die Grafen von der Mark sicherten ihr Territorium und förderten die Siedlungen durch die Verleihung von Rechten und Privilegien. Eine besondere Rolle spielte Burg Blankenstein in dieser Zeit vor allem 1321, als Graf Engelbert von der Mark Bochum dort die Stadtrechte verlieh.

Auch in der ebenfalls von Mauern umgebenen Vorburg, von der Hauptburg durch einen Burggraben getrennt, entwickelte sich bürgerliches Leben. Die kleine Ansiedlung aus Handwerkern und Dienstmannen wuchs im Schutz der Burg, bekam 1355 die Freiheitsrechte verliehen und ist noch heute als „Freiheit Blankenstein" ein Begriff.

Das Ende von Burg Blankenstein ist untrennbar mit dem Namen Johann Georg von Syberg verbunden. Der nämlich wurde 1637 zum märkischen Drosten des Amtes Blankenstein ernannt und bezog seinen Dienstwohnsitz auf der Burg. Indem er die älteste Tochter Wennemars von der Recke heiratete, sicherte sich Johann Georg die Anwartschaft auf den Besitz des in Sichtweite gelegenen Haus Kemnade. Da die seinerzeit modernere Wasserburg 1589 jedoch größtenteils abgebrannt war, veranlasste Johann Georg von Syberg den Großen Kurfürst Friedrich Wilhelm I. 1662/63, den Abbruch von Burg Blankenstein anzuordnen, und verwandte das gewonnene Baumaterial kurzerhand beim Wiederaufbau von Haus Kemnade. Mit dem Abbruch der Burg und einem Großfeuer im Jahre 1665 war den Handwerkern und Dienstmannen in der Vorburg die Lebensgrundlage entzogen worden. Es sollte mehr als hundert Jahre dauern, bis die Einwohnerzahl den Stand vor dem Abbruch der Burg wieder erreicht hatte.

Ende des 18. Jahrhunderts rührte sich wieder Leben auf Burg Blankenstein. Zwei Kolonisten ließen sich dort nieder und stellten den Torturm so weit wieder her, dass er als Aussichtsplattform genutzt werden konnte. Doch erst mit dem Verkauf des Burggeländes im Jahre 1860 an den Hammerschmied und Eisenwarenhändler Gustav vom Stein bekam die Burg ihr heutiges Gesicht. Er errichtete auf den Grundmauern des alten Marstalls zunächst eine Lüstrierfabrik zur Herstellung von Garnen mit besonders hoher Reißfestigkeit und baute auf den Fundamenten des Engelbert-Turms 1864 ein kleines Restaurationsgebäude, das später auch „Rittersaal" genannt wurde. Die ebenfalls gängige Bezeichnung „Kapelle" ist irreführend, da das Gebäude nachweislich nie liturgischen Zwecken diente.

Mit dem Betrieb dieser kleinen Gastwirtschaft begründete vom Stein die gastronomische Bestimmung der Burg Blankenstein. In den folgenden Jahrzehnten ließ er weitere Gebäude im romantischen Stil der Zeit auf den Fundamenten der alten Burggebäude entstehen. Nach Abschluss der Bauarbeiten 1898 verfügte sein Sohn, Gustav vom Stein jr., über einen der leistungsfähigsten gastronomischen Betriebe im weiten Umkreis mit Räumlichkeiten für rund 900 Gäste. Burg Blankenstein entwickelte sich zum beliebten Ausflugsziel.

Doch die Burg hatte nicht nur touristische Bedeutung, sie war auch der Bevölkerung von Nutzen. Der geschäftstüchtige Burgherr Gustav vom Stein jr. ließ in den Torturm einen Wasserhochbehälter einbauen, der mittels einer Druckpumpe aus einem Brunnen in der Ruhraue befüllt wurde und die Blankensteiner Bürger mit Leitungswasser versorgte.

Die Blütezeit Blankensteins und seiner Burg als populäres Ausflugsziel wurde durch den Ersten Weltkrieg jäh beendet. 1922 verkaufte Gustav vom Stein jr. die Burg an die Stadt Bochum, die den Gastronomiebetrieb mit Pächtern fortführte. 1947 eröffneten Dr. Werner Rauterkus und seine Frau nach dem Wiederaufbau in der Ruine der ehemaligen Lüstrierfabrik die „Werkstätten für angewandte Kunst". Jedoch stand bereits das Ende der 1950er Jahre wieder im Zeichen des Niedergangs der Burg. So wurden die weitläufigen, aber baufälligen Gaststättengebäude 1958 abgebrochen, die Burgwerkstätten geschlossen. Erst 1962 konnte in diesen Räumen erstmals wieder eine Gaststätte eröffnet werden. Um die Attraktivität der Burg zu steigern, wurde 1968 zusätzlich der Ausbau des Torturms zu einem Aussichtspunkt in Angriff genommen. Seit 1970 kann jeder Besucher dort das fantastische Panorama in vollen Zügen genießen.

Haus Kemnade

Die Ursprünge der Wasserburg sind nicht überliefert. Sicher ist nur, dass die heutige Burganlage Vorgängerbauten hatte. Als Schenkung soll sie in die Hände der Herren zur Lippe gelangt und fortan ein lippisches Lehen innerhalb der Grafschaft Mark gewesen sein.

Der Name „Kemnade" lässt sich vom Begriff „caminata" herleiten, der einen von Adligen bewohnten, beheizbaren Wohnraum mit Kamin und Rauchabzug bezeichnet. Und besonders sehenswerte Kamine hat Haus Kemnade ja auch heute noch zu bieten.

Die ersten nachweisbaren Bewohner des Hauses waren die Herren von Dücker, Gerichts- und Patronatsherren von Stiepel. Urkundlich belegt ist die Lehensvergabe an Wennemar Dücker im Jahre 1393. Als der letzte Lehensträger, Heinrich von Dücker 1409 starb, gelangte Haus Kemnade in die Hände von Hermann von der Recke.

Seine Nachfahren mussten erleben, dass sich die Ruhr nach einem andauernden Hochwasser im Jahre 1486 ein neues Flussbett suchte. Haus Kemnade lag plötzlich nicht mehr nördlich, sondern südlich der Ruhr, und der natürliche Schutz durch das Wasser und die Landverbindung zu Hof und Kirche in Stiepel mit einem Mal verloren. Erst 1928 stand nach der Fertigstellung der heutigen Kemnader Brücke wieder eine feste Landstatt der alten Fährverbindung zur Verfügung.

Das Werk seines Vaters setzte Friedrich Matthias von Syberg fort. Er ließ das oberste Stockwerk bis zum Dach errichten und beendete 1704 den äußeren Wiederaufbau von Haus Kemnade. Doch auch im Inneren wurden die Ausstattungsarbeiten zum Abschluss gebracht. Friedrich Matthias von Syberg ließ dort drei weitere barocke Kaminanlagen einbauen und beauftragte den unbekannten Schwelmer Bildhauer Schmidt mit allerlei Holzschnitzarbeiten. Besonders imposant erscheint noch heute das repräsentative, barocke Haupttreppenhaus mit seinen vollplastisch ausgeformten Figuren und den spiralig gedrehten Stützen der Handläufe. Die Deckenovalmedaillons des hofseitigen Eingangsbereichs werden dem genannten Künstler übrigens ebenso zugeschrieben wie das „Syberger Epitaph" für die Stiepeler Dorfkirche, das heute auch in Haus Kemnade zu sehen ist.

Nutznießer des langjährigen Wiederaufbaus war der Sohn Johann Friedrich von Syberg. Infolge seines ausschweifenden Lebenswandels war Haus Kemnade nach dem Tod Johann Friedrichs mit fast 30.000 Reichstalern verschuldet. Währenddessen Privatbesitz als Konkursmasse veräußert werden musste, konnte die Zwangsversteigerung des unrechtmäßig verpfändeten Haus Kemnade inklusive der Ländereien durch die lippische Lehnskammer verhindert werden. Wenn auch nur unter strengen Auflagen, so blieb die Herrschaft Stiepel doch bei der Familie von Syberg.

Doch unter den Herren von der Recke erlebte Haus Kemnade weit Schlimmeres. So brach Ostern 1589 ein Feuer aus, dem der größte Teil des Baubestands zum Opfer fiel. Der Wiederaufbau zog sich mehr als 100 Jahre hin. Cordt III. von der Recke begann die Arbeiten mit der Errichtung einer Notwohnung auf der Ostseite, die laut Inschrift auf 1591 zu datieren ist. Sein Sohn, Wennemar V. von der Recke, führte den Aufbau fort. Ihm verdankt Haus Kemnade nicht nur den Südflügel mit Rittersaal und prächtigem Wappenkamin, sondern auch den benachbarten kleinen Kaminsaal mit dem Adam-und-Eva-Kamin sowie den direkt darüber liegenden Raum mit seiner kunstvoll gestalteten Holzbalkendecke.

Wennemar V. von der Recke war allerdings auch der letzte Bauherr seiner Familie auf Kemnade. Da er keine männlichen Nachkommen hatte, ging das Erbe an seine älteste Tochter Sybilla Arnolda, die mit dem Blankensteiner Drosten Johann Georg von Syberg verheiratet war. Nach dem Tod seines Schwiegervaters verließ Letzterer die baufällige Burg Blankenstein, nachdem der Große Kurfürst Friedrich Wilhelm I. 1662 auf seinen Vorschlag hin deren Abbruch verfügt hatte, und zog mit seiner Frau nach Haus Kemnade. Schon 1663 konnte von Syberg mit einer großen Inschriftentafel die Fertigstellung des viereckigen Nordostturms von Haus Kemnade verkünden.

Neuer Herr auf Kemnade wurde Johann Friedrich Wilhelm aus der Wischlinger Linie der Sybergs, und er trat ein schweres Erbe an. 1753 nämlich wurde die Freiherrlichkeit Stiepel verstaatlicht und dem Gerichtsbezirk Bochum zugeschlagen, und das bedeutete nicht nur eine Beschneidung der Hoheitsrechte, sondern auch erhebliche Einnahmeverluste. Johann Friedrich Wilhelm von Syberg baute die Vorburg von Haus Kemnade zu einem Gutshof um und konzentrierte sich auf die Landwirtschaft.

Unter Napoleon wurde 1809 das Lehenswesen im Großherzogtum Berg aufgehoben. Gegen Zahlung einer Entschädigung an die Grafen zur Lippe wurde Haus Kemnade persönlicher Besitz derer von Syberg. Mit dem Tod 1847 des kinderlosen Friedrich von Syberg endet die Geschichte der von Sybergs auf Haus Kemnade. Der Besitz ging an seine Schwester, die mit Friedrich von Berswordt-Wallrabe zu Weitmar verheiratet war. Von dieser Familie erwarb die Stadt Bochum den Adelssitz im Jahre 1921. Die Ruhrwiesen dienten fortan der Trinkwassergewinnung, die Ländereien wurden in Pacht vergeben.

Heute beherbergt die Wasserburg die großartige Instrumentensammlung von Hans und Hede Grumbt. Sie umfasst 500 historische Musikinstrumente aus allen Zeiten und aller Welt. Die ostasiatische Kunstsammlung Ehrich ist gegenwärtig ebenfalls in der Wasserburg zu sehen. Abgerundet wird das kulturelle Angebot durch die geldgeschichtliche Sammlung „Schatz-Kammer Kemnade" der Sparkasse Bochum im ehemaligen Gesindehaus der Hauptburg.

Das Bauernhausmuseum vor der Ostseite der Hauptburg gehört nicht zum historischen Baubestand von Haus Kemnade. Der Vier-Ständer-Fachwerkhof Schulte zur Oven wurde in den 1970er Jahren an seinem alten Standort ab- und hier wieder aufgebaut.

Kulinarische Genüsse und Gaumenfreuden bieten die „Burgstuben Haus Kemnade". Hier hat die Familie Bruns, die bis 1991 den landwirtschaftlichen Gutshof betrieb, ein ebenso beliebtes wie bekanntes Restaurant etabliert.

Kirchen in Hattingen

St.-Georgs-Kirche auf dem Kirchplatz

Um das Wahrzeichen der Stadt, den schiefen Turm von St. Georg, ranken sich viele Legenden. Die wahrscheinlichste Erklärung für die schräge Spitze ist jedoch eine ganz praktische Überlegung: Nach zwei verheerenden Stadtbränden in den Jahren 1424 und 1429 entschlossen sich die Zimmerleute wohl, den Turm mit leichter Neigung gegen die Hauptwindrichtung zu bauen, damit er im Falle eines erneuten Brandes nicht auf das Hauptkirchenschiff, sondern auf die leichter wieder zu errichtenden Fachwerkhäuser fiele.

Archäologische Grabungen haben in den 1970er Jahren einen Vorgängerbau aus Stein nachgewiesen. Er soll schon an der Stelle der heutigen St.-Georgs-Kirche gestanden haben, als Hattingen aus einem im Jahre 990 erstmals urkundlich erwähnten fränkischen Königshof hervorging. Der heutige Schaft des Westturmes wiederum ist Relikt eines romanischen Baus aus dem 13. Jahrhundert.

Seit der Reformation ist die St.-Georgs-Kirche Hauptkirche der lutherischen — später evangelischen — Gemeinde. In den Jahren 1807 - 1810 wurde das baufällige Gotteshaus ganz im Zeichen des Klassizismus vollständig renoviert. Gotische Säulen und Gewölbe ersetzte man durch ein Tonnengewölbe und brach größere Fenster in die Wände. Noch heute finden sich deutlich sichtbare Bauspuren früherer Fenster im Mauerwerk. Die radikale klassizistische Überformung mit der 1954 erneuerten Kassettendecke spiegelt auf schönste Weise die liturgische Praxis des Protestantismus: Verkündigung des Wortes über Predigt und Gesang im Zentrum eines Raumes.

Streng klassizistisch auch der Kanzelaltar – eine Art Kombination von Hauptaltar und Predigtstätte – auch Sängerempore und Orgel bilden eine Einheit. Äußerst sehenswert sind die Fenster von Prof. E. Bischoff, die 1950 eingebaut wurden. Neben Gleichnissen Jesu sind darauf Stadt- und Kirchenpatron St. Georg und Martin Luther als „Junker Jörg" 1521/22 in der Reichsnacht auf der Wartburg zu sehen.

St. Peter und Paul an der Bahnhofstraße

Als sich die gesamte Kirchengemeinde, Bürgermeister und Stadtrat um 1582 dem lutherischen Bekenntnis anschlossen, verschwand der Katholizismus für etwa 200 Jahre ganz aus Hattingen. Erst gegen 1784 konnte er wieder Fuß fassen: In der Großen Weilstrasse 32 wurde in diesem Jahr eine Kapelle für die ständig wachsende Zahl katholischer Zuwanderer geweiht. Diese kleine Kirche existiert heute nicht mehr, sie wurde verkauft, zunächst als Wohnstätte genutzt und musste zu Beginn der 1970er Jahre der Stadtsanierung weichen.

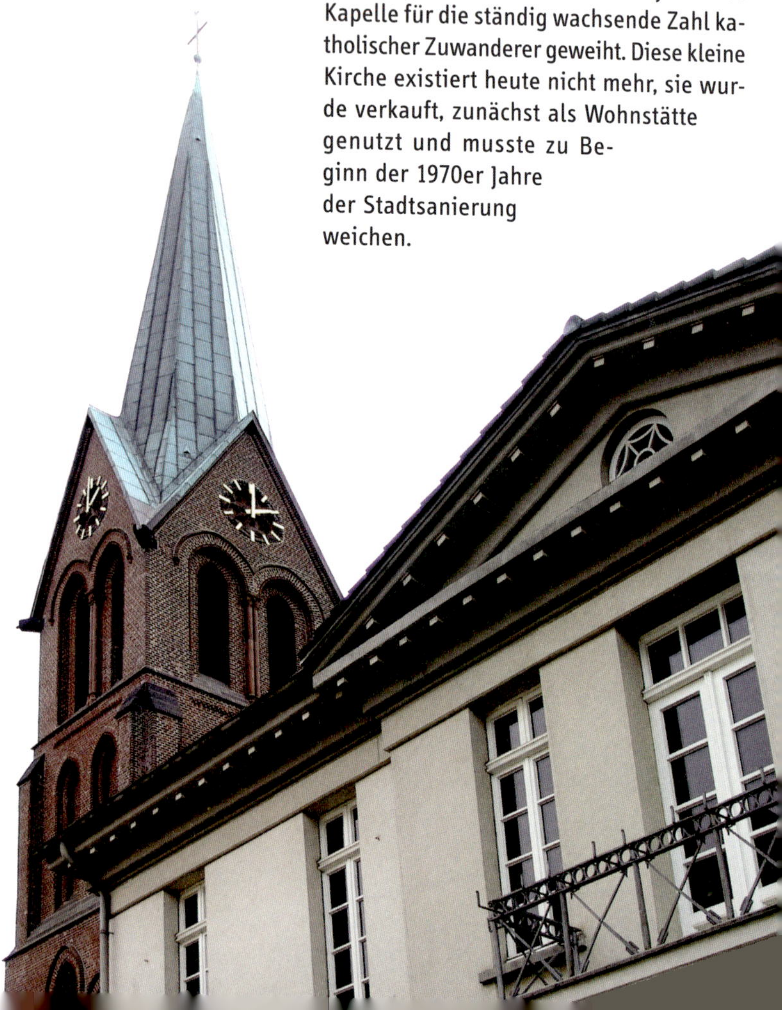

Nach der Gründung der Henrichshütte im Jahre 1854 blühte die katholische Gemeinschaft in Hattingen auf und legte im Jahre 1868 den Grundstein für die heutige Pfarrkirche St. Peter und Paul an der Bahnhofstraße am Rande der Altstadt. Zwei Jahre später konnte die neugotische Kirche nach dem Entwurf des Barmer Kirchenbaumeister Gerhard August Fischer geweiht werden. Gleichzeitig entstanden Pastorat und Schule hinter der Kirche.

Das Langhaus der Kirche ist ziemlich streng gehalten, während die Turmfassade zur Bahnhofstraße hin etwas reicher ornamentiert wurde. Zum hundertjährigen Bestehen stattete man die dreischiffige Halle neu aus. Die Bronzeportale stammen vom Bildhauer Josef Baron aus Unna. In den Fenstern ist der Heilige Georg abgebildet. Eine Besonderheit stellt der Taufstein aus dem 16. Jh. dar, der ursprünglich in der St.-Georgs-Kirche stand.

St. -Johannes-Baptist in Blankenstein

Im Jahre 1794 erwarb die katholische Gemeinde das alte, baufällige Rathaus am Marktplatz in Blankenstein und errichtet an selber Stelle die Kirche St.-Johannes-Baptist. Im Zuge der Bauarbeiten verschwand auch eine uralte Gerichtslinde vor dem ehemaligen Rathaus. Übrigens täuscht die Jahreszahl im Schlussstein über dem Hauptportal. 1794 mag der Zeitpunkt der Grundsteinlegung gewesen sein, vollendet aber wurde der schöne Ruhrsandsteinbau – stilistisch zwischen Spätbarock und Frühklassizismus anzusiedeln – im Jahre 1801.

Der Essener Architekt Prof. Georg Metzendorf, Erbauer der berühmten Krupp-Siedlung Margarethenhöhe in Essen und der Gartenstadt Hüttenau in Hattingen-Welper, verhalf der Kirche im Jahre 1929 buchstäblich zu ihrer heutigen Größe: Er entwarf den Anbau einer der Ursprungsform sehr gut angepassten Fensterachse und einen neuen Chorraum.

Der schlichte Innenraum
der Kirche beherbergt di-
verse Kostbarkeiten. Der
Barockaltar etwa, der flankiert wird von zwei En-
geln und an dessen Spitze
ein Auge Gottes (Symbol
des allsehenden Gottes,
meist dargestellt als ein
von einem Strahlenkranz
umgebenes Auge) wacht,
kam 1829 als Geschenk aus
Lütgendortmund. Der fast
lebensgroße Corpus Christi
stammt aus der Dürerzeit
und ist etwa 500 Jahre alt.
Das wertvollste und älteste
Kunstwerk ist eine spätgotische Pietà (Darstellung
Marias, der Mater Doloro-
sa mit dem Leichnam Jesu
Christi) aus der Zeit um
1450.

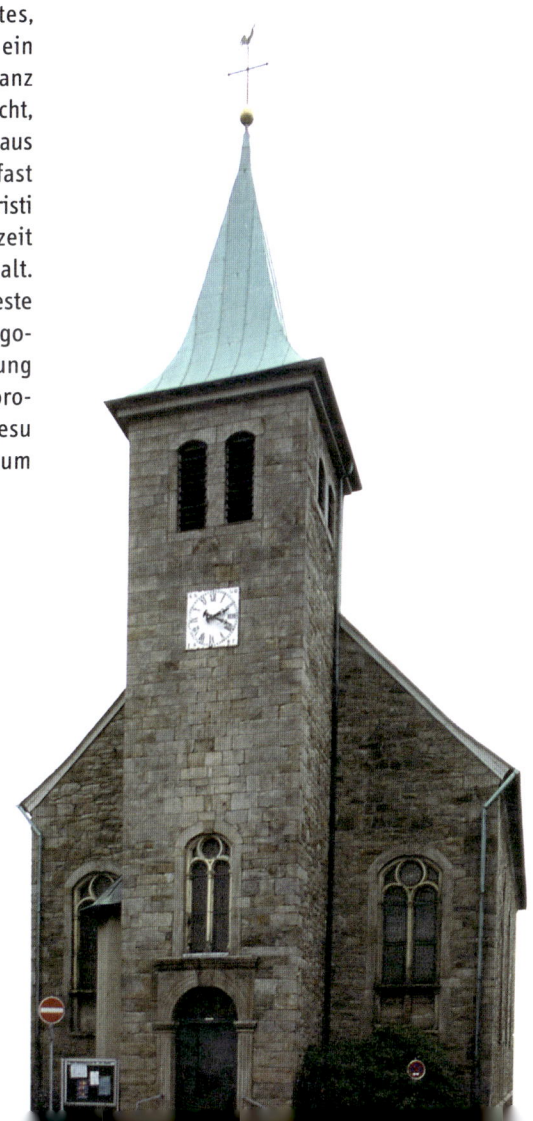

Evangelische Kirche in Blankenstein

Das Luftbild Blankensteins zeigt sehr schön die Ausrichtung der beiden Kirchen Blankensteins vom Marktplatz zur Burg hin und die an den Burggraben geschmiegten Fachwerkhäuser. Der Vorgängerbau der Evangelischen Kirche stand als „Schlosskapelle direkt am Weg zur Burg Blankenstein. Zwar konnte ein verheerender Stadtbrand Pfingsten 1665 der kleinen Kirche nicht so viel anhaben, dass sie nicht kurze Zeit später wieder hätte in Stand gesetzt werden können, doch nagte der Zahn der Zeit an ihrem Gemäuer. 1767 entschloss man sich daher zu einem Neubau mit selbem Grundriss, nun aber in der Straßenachse des Burgwegs, der nach dem Abriss der Burg 1662 nicht mehr gebraucht wurde. Auch hier ist die Jahreszahl 1767 über der Kirchentür irreführend: Es gilt als sicher, dass der Bau frühestens 1775 beendet war.

Der zeitgenössische Kanzelaltar im Inneren der Kirche ist ein außergewöhnliches Kleinod. Mit seinem grün gestrichenen Gehäuse, der reich verzierten Kanzel und seiner Orgelempore weist der Altar eine besonders seltene Erscheinungsform auf. Der historische Taufstein aus dem Jahre 1689 kam als Geschenk hierher.

St. Mauritius in Hattingen - Niederwenigern

Im eher dörflich geprägten Ortsteil Niederwenigern überraschen die eindrucksvollen Ausmaße des neugotischen Doms. Die enorme Größe der 1858-61 erbauten dreischiffigen Hallenkirche zeugt noch heute von der Größe des Kirchspiels (geografischer Einzugsbereich einer Gemeinde) Niederwenigern, die trotz Reformation über die Jahrhunderte bestehen blieb.

Die Wahl des heiligen Mauritius, Schutzheiliger Kaiser Ottos des Großen, zum Pfarrpatron legt nahe, dass die Geschichte des Doms bis in das 10. Jahrhundert. zurückreicht. Die erste Besitzurkunde der Abtei Deutz jedenfalls datiert aus dem Jahre 1147. Dieser Zeit entstammt auch der romanische Turm: Mit bis zu zwei Meter dicken Mauern und schmalen Fensterschlitzen konnte er auch zu Verteidigungszwecken verwendet werden.

Für die Pläne des neugotischen Kirchenneubaus zeichnet der Kölner Domwerkmeister Friedrich Schmidt verantwortlich, ab 1858 Professor in Mailand, später in Wien. Für den Bau des Wiener Rathauses und den Stephansdom wurde er 1889 in den Adelsstand erhoben.

Dem Neubau musste das erst im 18. Jahrhundert erweiterte historische Langhaus komplett weichen. Im Inneren findet man so heute nur noch wenige Spuren der romanischen Kirche, zwei schlicht ornamentierte Kapitelle des Altars sowie ein spätromanischer Taufstein haben die Zeiten aber überdauert. Die historistische Ausmalung konnte im Jahre 1999 denkmalgerecht restauriert werden.

Dom, Pfarrhaus und das Nikolaus-Groß-Museum im alten Vikariat bilden heute gemeinsam mit der eng angrenzenden Bebauung, dem kleinen Marktplatz und der evangelischen Kirche in seinem Rücken den Mittelpunkt des Dorfes.

Evangelische Kirche in Niederwenigern

Was, fragt man sich, macht ein evangelischer Pfarrer aus Blankenstein im 17. Jahrhundert im überwiegend katholischen Niederwenigern? Des Rätsels Lösung: Auf Veranlassung der Familie Ketteler, Herren der nahen Burg Altendorf, hielt er dort seit 1650 lutherische Gottesdienste ab, allerdings ohne eine Kirche zu besitzen. Erbitterter Widerstand verhinderte, dass die Landesherrn eine Simultannutzung der katholischen Pfarrkirche erreichen konnten, allein der Turm diente beiden Gemeinden: Die katholischen Glocken von St. Mauritius läuteten über 200 Jahre lang zu evangelischen Gottesdiensten.

Im Jahre 1875 konnte dann eine evangelische Kirche am Rande des bereits angelegten Friedhofes eingeweiht werden. Ihre bescheidene Größe und deutlich strenge Gestaltung zeugen, trotz einiger neugotischer Schmuckformen, vom Geist der preußischen Baubehörde in Berlin, die seit den 1820er Jahren Musterentwürfe für Landkirchen vorgab.

Der helle, übersichtliche Innenraum wird von vier oktogonalen (achteckige) Stützen in drei Schiffe geteilt. Dank der ungewöhnlich großen Maßwerkfenster wirkt die Hallenkirche lichtdurchflutet und weit. Im Jahre 2000 konnten die einzelnen Architekturglieder nach alten Befunden durch Neuausmalung hervorgehoben werden.

St. Engelbert in Hattingen - Niederbonsfeld

Unter großen Entbehrungen gelang es den Katholiken in Niederbonsfeld in den Jahren 1899 und 1900, den Grundstein für ein eigenes Pfarrhaus mit kleiner „Notkirche" zu legen. Schon am 7. November 1900 konnte das Pfarrzentrum feierlich eingeweiht werden.

Den Entwurf für das Pfarrhaus und den direkt angebauten Kirchsaal hatte der Kupferdreher Gemeindebaumeister Heinrich Wassermann geliefert. Trotz eines sehr eingeschränkten Bauetats stellt das in seiner ursprünglichen Form erhaltene Ensemble eine gelungene Komposition dar. Attraktiver Bauschmuck sind das lebhafte Bild des Bruchsteins und eine Gliederung durch schlanke Strebepfeiler mit spitzbogigen Fenstern. Der Innenraum wird durch das unverkleidete Sprengwerk des hölzernen Dachstuhls effektvoll geprägt.

Ganz in der Nähe, in Richtung Hattingen, steht an der Kohlenstraße im heutigen Velberter Stadtteil Nierenhof eine Evangelische Kirche. Durch ihre ungewöhnliche Modernität verdient die im Jahre 1934 eingeweihte Landkirche besondere Beachtung. Dem Architekten Karl Bach, seit 1918 Professor für Architektur an der Kunstakademie in Düsseldorf, gelang hier eine geschickte Verbindung von Elementen der modernen Architekturströmung zu Beginn der 1920er Jahre mit traditionellen Motiven.

Hattingen hat Schätze – die Museen

Hattingen hat zehn Museen – damit kann sich die knapp 58.000 Einwohner starke Gemeinde einer bemerkenswert dichten Museenlandschaft rühmen. Manche Einrichtungen, wie das Westfälische Industriemuseum und das Feuerwehrmuseum auf dem Gelände der ehemaligen Henrichshütte, sind weit über die Stadtgrenzen hinaus bekannt. Andere, wie zum Beispiel das Bandwebereimuseum in Elfringhausen und das Nikolaus-Groß-Museum in Niederwenigern, gelten als Geheimtipps unter Geschichtsfans und einschlägig interessierten Gästen der Stadt. Das Haus Custodis auf der Isenburg ist das höchstgelegene Museum auf Hattinger Boden, nahe der Burg Blankenstein lockt das Stadtmuseum Hattingen ebenfalls in „exponierter" Lage mit kulturellen Leckerbissen. Und unten im Ruhrtal, viele Höhenmeter tiefer, ziehen das Museum Wasserburg Haus Kemnade und das Bauernhausmuseum die Besucher an. Unterwegs bringt mit Volldampf der Museumszug seine begeisterten Passagiere in Fahrt, während mitten in der malerischen Altstadt manch einer eine Zeitreise im heimatkundlichen Museum des Bügeleisenhauses unternimmt.

Sie bewahren Vergangenes vor dem Vergessen und Bemerkenswertes vor der Bedeutungslosigkeit: Ob Kunst oder Handwerk, Heimat- oder Alltagsgeschichte – Hattingens Museen machen Kultur zum Erlebnis. Hier erfahren Sie das Wichtigste und alles Wissenswerte über die großen Schätze der kleinen Revierstadt.

Stadtmuseum Hattingen

Als im Jahre 1990 das Alte Rathaus im Herzen der Altstadt zu einem multifunktionalen Kulturzentrum ausgebaut wurde, war ausgerechnet das 60 Quadratmeter kleine Heimatmuseum mit einem Mal heimatlos. Im Mai 2001 fand es im Stadtmuseum Hattingen am Marktplatz in Blankenstein ein neues Zuhause. Seitdem präsentiert es dort Geschichte, Kunst und Kultur unter einem Dach. Schließlich bietet das historische Gebäude aus der Mitte des 19. Jahrhunderts mit seinen eleganten Sandsteinfassaden und den großzügigen, hellen Räumlichkeiten viel Platz für Ausstellungen, Seminare und allerlei Museumsaktivitäten.

Die Besonderheit des Stadtmuseums ist eine Art „begehbares Geschichtsbuch", das lokale Ereignisse im historischen Zusammenhang darstellt und den Besuchern die Historie Hattingens und der Region auf ungewöhnliche Weise näher bringt. So kombiniert die Dauerausstellung Sammlungsstücke, alte Abbildungen und Urkunden aus der bewegten Hattinger Vergangenheit und informiert anhand eines umlaufenden Zeithorizonts über Eckdaten und Begriffe der europäischen Stil- und Geistesgeschichte. Der Clou: Durchgänge in hinter der Faktenwand verborgenen Objektkammern geben den Blick auf die Originalexponate frei.

Aber auch Leseratten kommen hier ganz auf ihre Kosten: Von Stadtrechten und Marktordnung, Bauern und Bürgern, von Kirche, Adel und der ersten Frauenrechtlerin, von der alten Lateinschule und dem Ende der Stahlzeit – spannende Themenbücher erzählen die Geschichte und die Geschichten Hattingens.

Zusätzlich lockt das Stadtmuseums mit beachtlichen Wechselausstellungen Besucherströme an: Inszenierungen kulturgeschichtlicher Aspekte und historischer Ereignisse begeisterten ebenso wie Malereien, Installationen, Fotografien, Grafiken und Plastiken. Moderne Kunst und zeitlose Kulturgüter setzen abwechselnd Akzente und machen immer wieder und immer wieder anders neugierig auf die Begegnung mit Geschichte, Kunst und Kultur.

„ES IST
ERSTAUNLICH,
WIE VIELE
ERINNERUNGEN
UM DINGE
RANKEN, DIE
ZU IHRER ZEIT
UNBEMERKT
GEBLIEBEN SIND."

Verfasser Unbekannt

Neben einer historisch bedeutenden Ausstellung zum Thema Zwangsarbeit in Hattingen fand in den ersten Jahren des Stadtmuseums bereits eine Reihe von bemerkenswerten Kunstausstellungen statt, so die Eröffnungsausstellung „Stadtansichten – 6 Positionen junger Kunst" und etwa „dialogo bianco e nero" mit Werken von Marcello Morandini. Eindrucksvoll auch: „Industriebrache oder Kunstlandschaft" mit Fotografien von Gerhard Ullmann sowie „new forms" von Stephan Marienfeld oder die Ausstellungen „Bernd Göbel – Plastik, Medaille, Gerät" und Ivo Lucas' „Talking Pictures". Nicht zuletzt konnte „Picasso & Matisse – Meistergrafiken der klassischen Moderne" viel Aufmerksamkeit erregen. Erstmals wurden die grafischen Werke der beiden Meister des 20. Jahrhunderts in Hattingen komprimiert und in Kombination präsentiert.

Marcello Morandini

„EIN KÜNSTLER DIENT NICHT ALS BEISPIEL, DA WARNE ICH VOR."

Jörg Immendorff

Bauhaus, Immendorff, Uecker: Von 2005 bis 2007 konnte das Stadtmuseum seine erfolgreiche Ausstellungsarbeit weiter verfolgen und vertiefen. So lockte das „Bauhaus Dessau – Wegbereiter der Moderne" in Zusammenarbeit mit der Stiftung Bauhaus Dessau sogar architekturinteressierte Besucher aus Berlin an. Mit den Retrospektiven der graphischen Werke von Jörg Immendorff und Günther Uecker, zwei der bedeutendsten lebenden deutschen Künstler mit hohem internationalen Ansehen, machte das Stadtmuseum in der Region auf sich aufmerksam.

Die vier traditionellen Aufgaben des Museums – Sammeln, Bewahren, Forschen und Vermitteln – werden in Blankenstein allesamt hoch gehalten. So hat auch die Museumspädagogik ihren festen Platz im bunten Programm des Hauses: Museumsgespräche, Workshops, themengeleitete Erkundungsgänge, zahlreiche Aktionen und Projekte – die Formen der pädagogischen Bemühungen sind vielfältig und ermöglichen ebenso erlebnis- wie facettenreiche Annäherungen an vergangene und gegenwärtige Lebenswelten. Jung und Alt sind hier stets aufs Neue eingeladen, Zeitzeugen zu werden, Fremdes zu entdecken, alte Ansichten zu verlieren und neue Einsichten zu gewinnen – das Museum funktioniert als Aktionsraum, in dem Geschichte, Kunst und Kultur erlebt und erfahren werden können.

„DIE KUNST KANN DEN MENSCHEN NICHT RETTEN, ABER MIT DEN MITTELN DER KUNST WIRD EIN DIALOG MÖGLICH, WELCHER ZU EINEM DEN MENSCHEN BEWAHRENDEN HANDELN AUFRUFT."

Günther Uecker

Westfälisches Industriemuseum Henrichshütte

Zwischen 1854 und 1987 wurden an Ort und Stelle Koks, Eisen und Stahl erzeugt, geschmiedet, gewalzt, gegossen und bearbeitet. Bis zu 10.000 Menschen arbeiteten hier. Seit 1999 wird der Hochofen 3 samt Gebläsehalle der Henrichshütte Hattingen zu einem von acht Standorten des Westfälischen Industriemuseums ausgebaut. Das Hattinger Industriemuseum ist damit schon jetzt eine der zentralen Stationen der „Route der Industriekultur".

Technik, Wirtschaft, Soziales und Ökologie sind die spannenden Themen, die hier vermittelt werden. Die Arbeit in der Schwerindustrie des Reviers, der Weg des Eisens, das Leben rund um den Hochofen – alles das kann erfahren, wer auf den Spuren der „schweren Jungs" wandelt. Zum Beispiel am Wochenende beim „Sonntagsspaziergang" (ab 11:30 Uhr) durch die riesigen Erz- und Kohlebunker, vorbei am Maschinenhaus und den Winderhitzern bis zum Hochofen 3. Ebenfalls beliebt: die „Spätschicht" inklusive kulturelles Begleitprogramm, jeden Freitag um 19 Uhr. Kinder bis 9 Jahre können sonntags um 14.30 Uhr eine „Runde mit der Ratte" drehen und Jugendliche an jedem zweiten und vierten Sonntag im Monat in der Öko-Werkstatt selbst Hand anlegen.

Feuerwehrmuseum FEUER.WEHRK

Eine besondere der alten Hallen mitten im Henrichs-Gewerbepark darf sich mit Fug und Recht „heiße Location" nennen, denn hier befindet sich FEUER.WEHRK, das einzige Museum seiner Art im Ruhrgebiet und eines der größten Feuerwehrmuseen in ganz Deutschland. Besonders beeindruckend ist die umfangreiche Sammlung von historischen Drehleiter-Fahrzeugen, Tanklösch- und Rettungswagen. Das älteste Vehikel, ein schweres Löschgruppen-Fahrzeug der Marke Klöckner-Humboldt-Deutz, stammt aus dem Jahr 1942, das jüngste „Schätzchen", die Drehleiter IFA DL 30 aus DDR-Beständen, war noch 1986 im Einsatz.

So oder so macht das FEUER.WEHRK seinem Namen alle Ehre, denn nicht selten ist den Besuchern ihre "brennende Leidenschaft" für die Feuerwehr an den leuchtenden Augen anzusehen. Sie erleben hier den elementaren Wandel des Feuerwehrwesens seit der Nachkriegszeit: Auch Rettungsdienste, Industriebrand- und Umweltschutz finden in diesem Zusammenhang Berücksichtigung. Doch das Museum hat noch eine Menge mehr zu bieten. Zum Jahresprogramm gehören eine „Kleine Ausbildung zum Feuerwehrmann", Blaulichtführungen in der „Nacht der Industriekultur" und als Saisonhighlight das Museumsfest, besser bekannt unter dem buchstäblich schrillen Namen „Alarm". Außerdem geht das Museum regelmäßig „on tour", es bietet Musikern Plattform und Bühne und macht sich unter dem Motto "Lichterloh" in der Vorweihnachtszeit für die Brandprävention stark.

Heimatmuseum Hattingen Altstadt

Das heimatkundliche Museum im berühmten Bügeleisenhaus mitten in der Altstadt steht unter der Regie des
Heimatvereins Hattingen-Ruhr. „Klein, aber fein" lautet
das Motto, und schon das malerische Fachwerkhaus aus
dem 17. Jahrhundert ist eine Besichtigung wert. Dort wohn-
ten einst (1771 bis 1856) die Tuchmacher der
Stadt und stellten auf ihren Webstühlen in Heim-
arbeit ihre begehrten Waren her. Volutenknag-
gen und Balkenköpfe mit Maskenschnitzereien
schmücken und charakterisieren die Fassade
des Gebäudes, doch auch das Innenleben hält
für Besucher allerhand Hingucker bereit. In der
Eingangshalle mit „westfälischer Klöntür" lo-
dert ein rekonstruiertes Herdfeuer, außerdem
kann dort eine hölzerne Wasserleitung bewun-
dert werden. Verschiedene Seidenspindeln erinnern an die Hattinger Tuchmacher-Tradition.
Im Lapidarium mit seinem sechs Meter tiefen
Grundwasserbrunnen sind Funde der Isenburg
ausgestellt: Münzen, Keramik aber auch alte
Werkzeuge und Knochen. Die Räume im Obergeschoss sind den Hattinger Künstlern Hilde-
gard Schieb, Otto Wohlgemuth und Ferdinand
Krüger gewidmet.

Isenburg – Museum Haus Custodis

Das Haus Custodis liegt hoch über dem Ruhrbogen im
Süden von Hattingen in der Ruine Isenburg und ist sowohl
bei Wanderern als auch bei Museumsfans ein äußerst beliebtes Ausflugsziel. Der Blick über das grüne Ruhrtal ver-
zückt die einen, die bewegte Geschichte der Burganlage
die anderen. Der Verein zur Erhaltung der Isenburg e.V.
kümmert sich nicht nur um die Erhaltung der Burganlage, sondern betreibt auch das Museum im Haus Custodis,
das die Historie der Burg aus dem 12./13. Jahrhundert
besonders eindrucksvoll anschaulich macht.

Aus den vielen Mauern, Kellern, Treppen und Nischen der Ruine entsteht in der Fantasie der Gäste schnell eine lebendige Vorstellung vom Treiben auf der Burg und von ihrer imposanten Erscheinung. Ein Prachtstück der Ausstellung im Haus Custodis ist ohne Frage ein liebe- und mühevolles – das historische Erscheinungsbild der Wehranlage ist nämlich nicht überliefert – Modell der einst gewaltigen Burganlage. Ein Faksimile der Original-Urkunde zur Ersterwähnung der Burg kann ebenfalls im Museum bestaunt werden. Termine öffentlicher Führungen durch das Burggelände gibt der Verein auf seiner Internetseite bekannt, individuelle Führungen können telefonisch vereinbart werden.

Bandwebereimuseum Elfringhausen

Anhand funktionstüchtiger Bandstühle präsentiert und dokumentiert das Elfringhauser Bandwebereimuseum diese Jahrhunderte alte Handwerkskunst, die übrigens noch bis vor wenigen Jahrzehnten ausgeübt wurde. Das älteste Exponat, ein Schaftbandstuhl aus dem Jahre 1902, wurde 1960 modernisiert und war bis 1993 in Betrieb. Aufgrund der regionalen Nähe zur Textilindustrie in Langenberg und Wuppertal arbeiteten viele Elfringhauser als Hausbandweber und stellten unter anderem Gardinen-, Strumpf-, Reißverschluss- und Seidenbänder her. Angetrieben wurden die Maschinen zunächst von Hand, später durch Wasserkraft und schließlich mit einem Benzinmotor. Nach der Zerstörung vieler Wuppertaler Konkurrenzbetriebe im Zweiten Weltkrieg blühte die Weberei wieder auf, noch im Jahr 1961 gab es in Elfringhausen 29 Weber mit 63 Bandstühlen. Die stete Technisierung bis hin zur Vollautomatisierung bedeutete irgendwann jedoch das Aus für die Hausbandweberei. Der Bürger-, Heimat- und Verkehrsverein Elfringhausen hat es sich daher zur Aufgabe gemacht, dieses traditionelle Handwerk nicht in Vergessenheit geraten zu lassen.

Nikolaus-Groß-Museum

In einem Nebengebäude der Hattinger Kirchengemeinde St. Mauritius im Stadtteil Niederwenigern, unweit des Domes, zeichnet das Nikolaus-Groß-Museum den Lebensweg des gleichnamigen NS-Widerstandskämpfers nach. Es ehrt damit den überzeugten Katholiken, der sich in der Zeit der barbarischen NS-Diktatur aus Glaubensgründen dem Widerstand gegen Hitler anschloss.

Groß, der 1898 als Sohn eines Zechenschmiedes in Niederwenigern geboren wurde und auch seine Kindheit dort verbrachte, arbeitete nach dem Besuch der katholischen Volksschule zunächst in einem Blechwalzwerk, dann als Hauer in einer Kohlegrube. Er engagierte sich außerdem in der christlichen Bergarbeitergewerkschaft und war als Hilfsredakteur für die Zeitung „Bergknappe" tätig. Als Chefredakteur der Westdeutschen Arbeiterzeitung beobachtete er später den Aufstieg der Nationalsozialisten. Seine kritischen Kommentare und politischen Schriften sorgten für Aufsehen und zogen Hausdurchsuchungen, Verhaftungen und Verhöre durch die Gestapo nach sich. Nach dem gescheiterten Hitler-Attentat 1944 wurde Nikolaus Groß zum Tode verurteilt.

In vier Räumen stellt die Sammlung im Nikolaus-Groß-Haus anhand von Fotos, Dokumenten und persönlichen Besitzstücken anschaulich sein Leben und seine Arbeit im Widerstand vor. In einem weiteren Raum ist eine Nachbildung seines Arbeitszimmers zu sehen.

Wasserburg Haus Kemnade / Bauernhausmuseum

Die Wasserburg Haus Kemnade ist eine wahre Fundgrube für bemerkenswerte Ausstattungsstücke. So kann man dort figürlich gestaltete Kamine aus Renaissance und Barock bewundern oder barocke Schnitzarbeiten, zum Beispiel im Treppenhaus, als Deckenornamente oder Epitaph. Den größten Teil der Ausstellungsfläche des Museums aber nehmen Musikinstrumente aus der Zeit vom 16. bis 20. Jahrhundert ein. Sie stammen aus dem Privatbesitz des Bochumer Musikers Hans Grumbt und sind ebenso wie die Exponate der „Ostasiatischen Kunstsammlung Ehrich" – auch in der Wasserburg zu sehen – der Stadt Bochum übereignet worden. Nebenan, im ehemaligen Gesindehaus, kann man einen Blick in die „SchatzKammer Kemnade" werfen, dort erzählt eine Ausstellung der Sparkasse Bochum die Geschichte des Geldes.

Unweit der Wasserburg Kemnade ist das Bauernhausmuseum in einem Vierständer-Fachwerkhaus untergebracht. Um 1800 erbaut, diente es einst als Meierei. Um es vor dem Verfall zu bewahren, wurde es Anfang der 1970er Jahre an seinem alten Standort zerlegt und hier wieder aufgebaut. Das Bauernhausmuseum dokumentiert mit zahlreichen Exponaten die ländliche Kultur. Bäuerliches Gerät ist ebenso zu sehen wie Möbel des 16. und 18. Jahrhunderts aus Westfalen und dem Bergischen Land. Im Obergeschoss befinden sich unter anderem ein Kinderzimmer und eine Spinnstube. Angrenzend an das Bauernhausmuseum gewährt ein Bauern- und Kräutergarten ganz „natürliche" Einblicke.

Museumszug Ruhrtal-Bahn

Von Mai bis Oktober ist die Ruhrtal-Bahn auf der 1874 erbauten Trasse vom Eisenbahnmuseum Bochum-Dahlhausen bis zum Hagener Hauptbahnhof unterwegs. Freitags und sonntags fährt der Schienenbus der 1960er Jahre dreimal die gesamte Strecke hin und zurück (außer an Tagen mit Dampfzug-Betrieb, der geht an jedem ersten Sonntag und an einigen Feiertagen von April bis November ebenfalls dreimal auf die Strecke). Zusätzliche Fahrtage im April, zum Saisonabschluss im November und die Nikolausfahrten im Dezember sind beliebte Ausnahmen von der Fahrplan-Regel.

Die liebevoll restaurierten Wagen der Baujahre 1903 bis 1955 versprühen ihren unwiderstehlichen Charme, ganz egal, ob man auf rustikalen Holzsitzbänken oder in einem der mit Kunstledersitzen modernisierten Abteile Platz nimmt. Bei gutem Wetter lohnt es sich, auf den offenen Plattformen die Nase in den Wind und in die Dampfschwaden der schnaufenden Maschine zu halten. Der Schienenbus bezaubert mit seinem gemütlichen Ambiente und seiner einmaligen Rundumsicht, Perspektivenwechsel inklusive.

An den zehn Haltepunkten kann aus- und zugestiegen werden. Die Weiter- oder Rückfahrt ist dann mit einem der nächsten Züge möglich. Die Ruhrtal-Bahn ist bewirtschaftet, Fahrkarten gibt's wie zur „guten alten Zeit" beim korrekt in Uniform gekleideten Schaffner am Zuge. Kinderwagen und Fahrräder können mitgenommen werden.

Das Ruhrtal

Die Ruhr hat über die Jahrhunderte die Geschicke Hattingens beeinflusst. Ursprünglich war sie eher ein Hindernis, musste von Reisenden und beim Transport von Waren an geeignet flachen Stellen, den so genannten Furten, überwunden werden. Im Wechsel der Jahreszeiten, bei Hochwasser oder Eisgang war das ein zeitweise schwieriges Unterfangen. Daher erfreuten sich befestigte Übergänge, die sichere Verkehrswege boten, großer Beliebtheit. Schon für 1319 ist in Hattingen eine steinerne Ruhrbrücke nachgewiesen, in deren Umgebung sich Hattingen zum Marktort entwickelte, wo reisende Kaufleute ihre Waren anbieten konnten, bevor sie ihre Fahrt über die Brücke nach Norden zum Hellweg oder nach Süden ins Bergische Land fortsetzten.

Die Ruhr diente aber auch als Energiequelle. Schon die Grafen der Isenburg errichteten im frühen 13. Jahrhundert in unmittelbarer Nähe ihrer Burg die erste wassergetriebene Mühle, um das Getreide zu mahlen. Es folgten bald die Weiler Mühle und die Mühle bei Haus Cliff. Um die Mühlenbetriebe auch bei niedrigen Wasserständen aufrechterhalten zu können, wurde der Wasserstrom durch den Einbau von Wehren reguliert.

Als Transportweg war die Ruhr Jahrhunderte lang von untergeordneter Bedeutung. Die vielen Wehre und Wassereinbauten zum Fischfang (Fischschlachten) schränkten den Schiffverkehr erheblich ein, das breite, aber flache Flussbett war nur selten befahrbar. Die Industrialisierung und die Entwicklung des Steinkohlebergbaus im Ruhrtal machten den Ausbau der Ruhr für den Transport von Massengütern letztlich unvermeidbar.

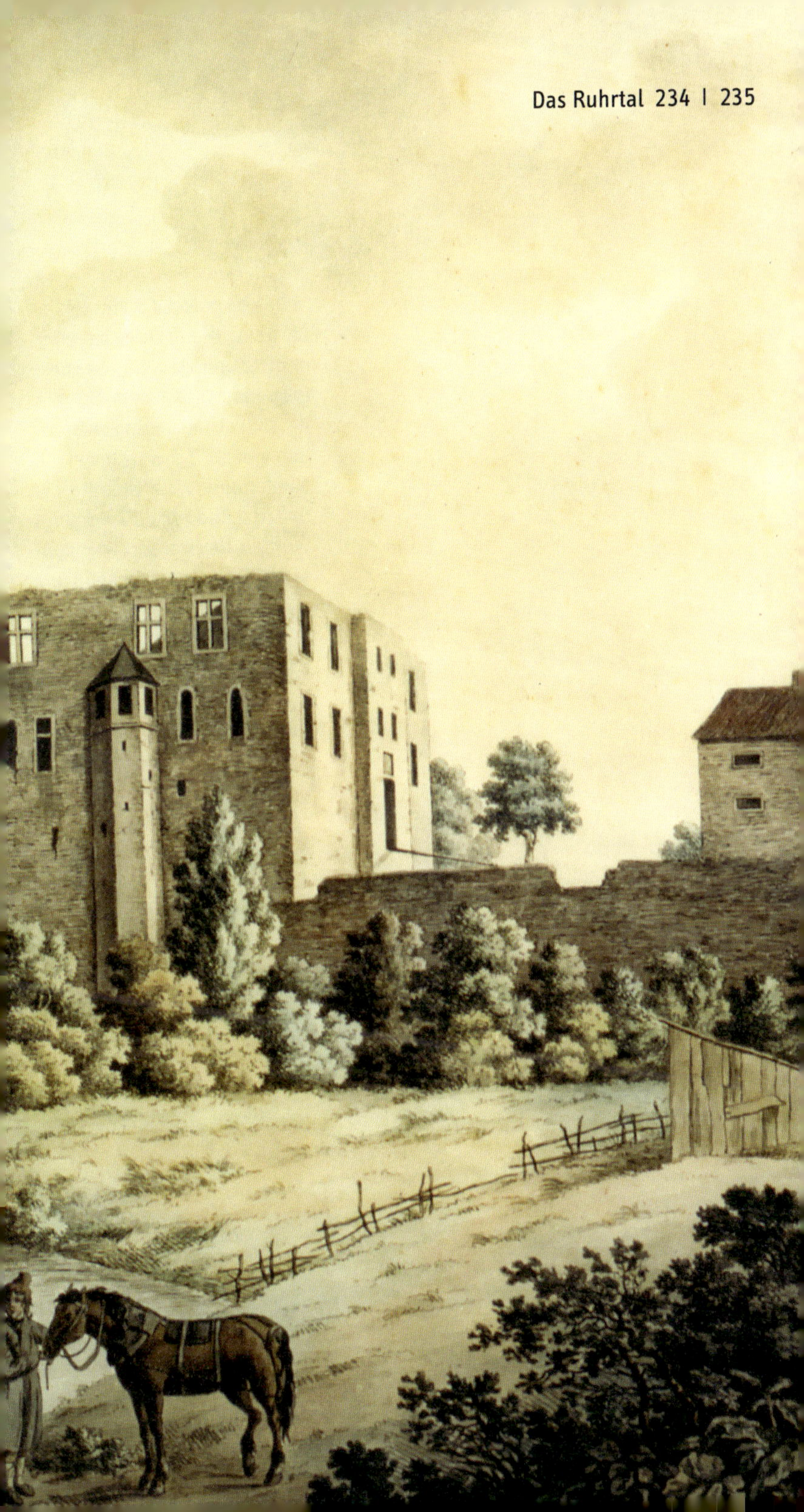

Die Ruhr als Transportweg

Der heimische Steinkohlebergbau diente zunächst eher der Deckung des lokalen Energiebedarfs. Mit dem Beginn der Industrialisierung entstanden von der Schweiz bis in die Niederlande Absatzmärkte, die über die Rheinschiene versorgt wurden. Der Transport der Kohle über Land war mühselig und langwierig und die schlechten Straßenverhältnisse sorgten dafür, dass die geladene Stückkohle oft nur als Kohlenstaub ihr Ziel erreichte.

Ohne den Einbau von Schleusen brachten die frühen
Bemühungen um die Schiffbarmachung der Ruhr keine
wesentlichen Verbesserungen. An jedem Mühlenwehr und
jeder Fischschlacht musste die Ladung nach wie vor in ein
anderes, unterhalb liegendes Schiff umgeladen werden.
Daher beschloss der preußische König Friedrich II., die
Ruhr zum schiffbaren Fluss auszubauen. In den Jahren
von 1774 bis 1780 setzte er sein Vorhaben in die Tat um:
Um die nötige Wassertiefe zu erreichen, wurde die Ruhr
durch Wehre, Schleusen und Buhnen reguliert. Am Ruhrufer richtete man so genannte „Kohlenniederlagen" ein,
von denen aus die Schiffe an befestigten Uferkais die Koh-
len aus den Zechen übernehmen konnten.

Schleusen

Das Gefälle der Ruhr, das allein zwischen Witten und Duisburg-Ruhrort, auf einer Strecke von 74 km, sage und schreibe 54 Meter beträgt, machte den Bau von insgesamt 16 Schleusen erforderlich. 1774 errichtete man die ersten in Hattingen, Dahlhausen und Horst. Ursprünglich wurden die Schleusen ausschließlich in Holz errichtet. Häufige Schäden durch Hochwasser und Eisgang im Winter machten schon in der ersten Hälfte des 19. Jahrhunderts eine Erneuerung der Schleusen als Steinkonstruktion erforderlich.

Buhnen

So nennt man die lang gestreckten, steinernen Zungen, die vom Ufer in den Flusslauf der Ruhr ragen. Bei Niedrigwasser verengen sie das Flussbett, stauen das Wasser und erhöhen die Fließgeschwindigkeit. So wird das ursprünglich breite und flache Flussbett der Ruhr befahrbar.

Leinpfad

Beim so genannten Leinpfad handelte es sich im einen ein bis zwei Meter breiten Weg unmittelbar am Ruhrufer. Er begleitete damals den gesamten schiffbaren Bereich der Ruhr bis zur Mündung in den Rhein und war mit ca. 20 x 20 Zentimeter großen Pflastersteinen aus Ruhrsandstein ausgelegt. Damit bot er den notwendigen Halt für die schweren Zugpferde, die die Ruhraaken (Plattbodenschiffe zum Transport von Kohle) vornehmlich flussaufwärts zogen.

Ruhraaken

Die Ruhraaken, flach gebaute Transportschiffe auf der Ruhr, waren etwa fünf Meter breit und 34 Meter lang. Sie hatten eine Ladekapazität von bis zu 165 Tonnen. Am Mast, bisweilen auch an zwei Masten, konnten Segel aufgespannt werden. Diese dienten aber nur zur Entlastung bei schwerer Bergfahrt. Die Aaken wurden getreidelt, das bedeutet geschleppt: Am oberen Ende des Mastes war eine bis zu 400 Meter lange Leine befestigt, die von Zugpferden gezogen wurde.

Kohlenniederlagen

Die geförderte Kohle wurde entweder sofort in die Ruhraaken verladen und verschifft oder in so genannten Kohlenniederlagen zwischengelagert. Mit Schleppbahnen und Pferdekraft transportierte man die Kohle zu diesen Sammelplätzen. Kleinere Kohlenniederlagen sind noch heute an ihren mit Sandstein-Quadermauerwerk verstärkten oder befestigten Anlegestellen zu erkennen. Größere Kohlenniederlagen waren mit einer Umfassungsmauer als Hochwasserschutz versehen und hatten abgemauerte Kammern, in denen die Kohle verschiedener Zechen gelagert werden konnte.

Ende der Ruhrschifffahrt

Bis in die 60er Jahre des 19. Jahrhunderts gewann die Ruhrschifffahrt stetig an Bedeutung. 1860 wurden ca. 870.000 Tonnen Kohle nach Duisburg verschifft. Doch durch die engen Flusswindungen, wechselnde Strömungen, Untiefen und Wehre blieb die Ruhrschifffahrt ein risikoreiches Unterfangen. Hochwasser, Eisgang, sommerliche Trockenperioden und Beschädigungen an Schleusen oder Leinpfaden ließen oftmals nur wenige Monate im Jahr eine geregelte Nutzung des Wasserweges zu.

Mit den ersten Eisenbahnen stand in der zweiten Hälfte des 19. Jahrhunderts ein deutlich zuverlässigeres Transportmittel zur Verfügung. Die Bedeutung der Ruhrschifffahrt nahm beständig ab. Im Jahre 1890 passierte die letzte Ruhraak die Schleusen.

Hattingen und die Ruhrschifffahrt

Im Bereich des heutigen Hattinger Stadtgebiets hatte die Ruhr zu ihren Schifffahrtszeiten keinen guten Ruf. Bis hin zur Hattinger Schleuse floss sie friedlich durchs Tal und war gut befahrbar. Das Wehr an der Schleuse sorgte für einen Rückstau des Wassers, sodass weder starke Strömungen, noch Untiefen zu erwarten waren. Solange die Ruhraaken dem Wehr nicht zu nahe kamen, bestand keine Gefahr.

Unmittelbar hinter der Hattinger Schleuse fingen die Probleme an. Die Bögen der alten Ruhrbrücke waren so flach, dass jedem Fall die Masten der Schiffe niedergelegt werden mussten, um den einbefahrbaren Brückenbogen passieren können. Die Brückenpfeiler stauten das Wasser und sorgten für zusätzliche Querströmungen. Gelang es nicht, die Ruhraak in der Flussmitte zu halten, so war das Scheitern in der Flussbiegung am Win- Berg sicher. Sofern die Aak durch Grundberührung nicht auseinanderbrach, musste doch zumindest ein Teil der Ladung abgegeben werden, um das Schiff wieder flott zu bekommen.

Die nächste Gefahrenstelle folgte nur enige hundert Meter flussabwärts: Homrg und Isenberg zwingen die Ruhr noch ute in eine Schleife von fast 180 Grad. rade bei niedrigen Wasserständen icht dann der Rückstau des Dahlhau-r Wehres nicht aus und bei geringer assertiefe gefährden starke Strömun-n die Schiffe in höchstem Maße. Erst r der Dahlhauser Schleuse ging es wie-r ruhiger zu.

Von den Wasserbauten der Ruhrschiff-hrt sind außer den Schleusen Teile des iginalen Leinpfades noch vorhanden. terhalb des Isenberges ist ein länge-s Stück mit der ursprünglichen Kopf-

steinpflasterung erhalten. Im Bereich der neu errichteten Ruhrbrücke nahe der Hattinger Schleuse sogar als Sommer- und dem Winterleinpfad. Bei niedrigem Wasserstand wurde der tiefer liegende Sommerleinpfad genutzt. War dieser durch Hochwasser überschwemmt, wich man auf den höher gelegenen Winterleinpfad aus. In den letzten Jahren ist der Leinpfad entlang der Ruhr mit einer Asphaltdecke versehen worden und erfreut sich nun großer Beliebtheit als Rad- und Spazierweg.

Hattinger Ruhrschleuse

Die Hattinger Ruhrschleuse war eine der ersten drei Schleusen, die ab 1774 errichtet wurden. Weil sich ihr ursprünglicher Bauplatz als ungünstig erwies, musste das unvollendete Bauwerk 1776 aufgegeben und ein Stück weiter oberhalb erneut begonnen werden. Die Anfang 1778 fertiggestellte Schleuse war bereits in Sandstein gebaut worden, ihre Tore allerdings bestanden aus Holz. Wie eine Inschrift am unteren Schleusentor verrät, wurde die Schleuse 1819/20 erneuert. Zum Bauwerk gehört ein kleines eingeschossiges Dienstgebäude, das im Laufe der Zeit jedoch teilweise verändert wurde.

Dahlhauser Schleuse

Zwar ist sie nach dem gleichnamigen Bochumer Stadtteil benannt, liegt aber doch auf Hattinger Stadtgebiet: Die Dahlhauser Schleuse gehört zu den ersten drei Schleusen, die bis 1780 fertig gestellt wurden. Die Schleusentore dieser Anlage bestehen aus genieteten Eisenblechen und werden im Handbetrieb bedient. Bei der letzten Sanierung der Schleuse im Jahre 1995 konnten die historischen Schleusentore in ihrer alten Konstruktionsform erhalten werden.

Birschels Mühle

Sieht man dieses mächtige Gebäude am Ruhrufer, denkt man vielleicht an englische Schlösser, aber nicht an ein Mühlengebäude. Die Wände aus rotem Backstein, Pfeiler aus gelben Ziegeln, Ornamente und Rundbögen über den Fenstern, Zinnen auf dem Dach: Der erfolgreiche Unternehmer Gottlieb Birschel erneuerte die nach ihm benannte Mühle 1902 im Tudor-Stil. Dass es sich bei dem beeindruckenden Bauwerk einst um eine Industrieanlage handelte – Birschel ließ in der Anlage in großem Stil Korn mahlen und verdiente gut damit – merkt man heute allenfalls dem angrenzenden alten Getreide-Silo an, weil die herrschaftlichen Zinnen und Türmchen daran fehlen.

Hinter dem mächtigen Mühlengebäude verstecken sich Reste von Haus Cliff. Mit etwas Fantasie kann man dort ein achteckiges Treppenhaus erahnen. Haus Cliff, Sitz des Erbhofschultheißen des „hoeffs van Hattnegge" (Hofverband von freien Hofesleuten in Hattingen) war am strategisch günstigen Ort der Ruhrfurt gelegen. Mit großem Grundbesitz und weitreichenden Rechten versehen, haben die Herren von Haus Cliff die Stadtgeschichte wesentlich geprägt. Mit ihren Privilegien und der überragenden Stellung im Hattinger Wirtschaftsleben machten sie sich aufgrund der Abgaben, die sie verlangten, keine Freunde. So wundert es nicht, dass das Herrenhaus nach ihrem Konkurs im Jahre 1791 schnell verfiel und schließlich abgebrochen wurde. Trotzdem handelt es sich bei dem heutigen Bodendenkmal Haus Cliff um ein bedeutendes Zeugnis für die Entwicklung der Stadt Hattingen.

Auch die Mühle selbst hat eine lange Tradition. Schon im frühen 14. Jahrhundert drehte sich hier das Wasserrad. Durch einen vom Grundherrn auferlegten Mühlenbann waren die umliegenden Bauern gezwungen, ihr Korn ausschließlich in der „Weiler Mühle" mahlen zu lassen.

Mit der Ausweitung der Frühindustrie erwarben im Jahre 1861 die Gebrüder Birschel die alte Anlage. Sie ersetzten das Wasserrad durch eine Turbine und konnten so die Produktion wesentlich erhöhen. Ein Eisenbahnanschluss sorgte für eine weitere Belebung des Geschäfts.

Haus Cliff

Doch auch diese Mühle überdauerte die Zeit nicht. Im Jahre 1902 ließ Birschel Junior an ihrer Stelle die heutige herrschaftliche Mühle mit Zinnen errichten. Trotz Stilllegung im Jahre 1955 steht der solide Bau noch. Nachdem er stilecht renoviert wurde, kann man heute seine Bestimmung als Seniorenwohnanlage auf den ersten Blick nicht erkennen. Die Wasserkraft der Ruhr wird heute wieder zur Stromerzeugung genutzt. Um das alte Turbinenrad herum befindet sich eine Gaststätte mit industriell geprägter Atmosphäre.

Für die Geschichte der frühindustriellen Entwicklung an der Ruhr ist Birschels Mühle aus dem Jahre 1902 ein anschauliches Beispiel. Auch die umliegenden Gebäude wie die alten Färbereien, die weiße Fabrikantenvilla und die Ruine von Haus Cliff sind sehenswerte Zeugen Ihrer Zeit.

Das Ruhrtal – Die Sonnenseite des Ruhrgebiets

Diesen Slogan hat sich die Initiative „das ruhrtal" der Städte Bochum, Dortmund, Duisburg, Essen, Hagen, Hattingen, Herdecke, Mülheim an der Ruhr, Oberhausen, Wetter und Witten des Ennepe-Ruhr-Kreises und des Regionalverbandes Ruhr zu eigen gemacht, um das sonst eher beschauliche Ruhrtal auch für Touristen zunehmend interessant zu machen.

Die hohe Freizeit- und Umweltqualität der Ruhrregion lässt langfristig ein wirtschaftliches Wachstum möglich erscheinen, hierin liegt die große Chance für das Ruhrtal. Es tut sich was im Ruhrtal. Durch die gemeinsame Initiative der Städte im Ruhrtal konnten zahlreiche Stadterneuerungsprojekte und regionale touristische Marketingkonzepte verwirklicht werden. Man denke nur an den Innenhafen Duisburg, die Öffnung der Stadt Mülheim zur Ruhr hin, die Wassersportmöglichkeiten an den Stauseen Baldeneysee, Kemnader See, Harkort- und Hengsteysee oder an den Ausbau der Gebläsehalle in Hattingen zu einem kulturellen und musealen Highlight. Zeche Nachtigall in Witten ist das Aushängeschild für die Wiege des Ruhrbergbaus, Villa Hügel in Essen ein fester Bestandteil der Kulturszene.

Das Ruhrtal fest in der Tourismuslandschaft zu positionieren, ohne dabei die Ursprünglichkeit aus den Augen zu verlieren, sanfter Tourismus, Familienfreundlichkeit und Barrierefreiheit sind Qualitätsmerkmale, an denen sich die Ruhrtal-Initiative messen lassen will. Ein besonderes Erlebnis ist eine Fahrt mit den historischen Dampfzügen der Ruhrtalbahn vom Bochum-Dahlhausener Eisenbahnmuseum ruhraufwärts bis Hagen-Vorhalle. Seit kurzem gibt es auch einen Haltepunkt im Hattinger Henrichs-Gewerbepark. Ein neuer Fußweg führt direkt in die Altstadt. Eine Fahrt mit der Ruhrtalbahn lässt sich übrigens hervorragend kombinieren mit den Ausflugsschiffen auf dem Baldeneysee in Richtung Wasserbahnhof Mülheim und dem Kemnader See ruhraufwärts Richtung Witten zur Burg Hardenstein.

Von der Quelle bis zur Mündung ist die Ruhr ein Eldorado für
Radfahrer. Sie können dem Flusslauf auf 235 km Länge über
den RuhrtalRadweg folgen. Der besondere Reiz liegt in dem
Ausbau der alten Leinpfade. So führt der RuhrtalRadweg zum
größten Teil direkt entlang des Flusses und ist ohne größere
Steigungen für Radler jeder Altersgruppe erlebbar.

Neue Anlegestellen und zahlreiche Bootsrutschen fördern
das Wasserwandern auf der Ruhr. Auch in Hattingen gibt es
inzwischen einen Kanuverleih an Birschels Mühle, näheres
im Serviceteil. Vorbei an nahezu unberührter Natur, schwarzen Büffeln im Hattinger Ruhrbogen, Burgen und eindrucksvollen Industriekulissen stellt die Kanufahrt ein einmaliges
Erlebnis auf dem Wasser dar. Auch die Vogelkundler haben
zwischenzeitlich die Ruhr als ihr Revier entdeckt.

Zahlreiche Stadt- und Seefeste sowie Musikfestivals wie „Kemnade International" ziehen ein überregionales Publikum an. Die Henrichshütte in Hattingen, das Eisenbahnmuseum in Bochum-Dahlhausen und die Zeche Nachtigall in Witten bieten als Ankerpunkte der Route der Industriekultur großes Entwicklungspotenzial. Die Nacht der Industriekultur ist ein besonderer Höhepunkt im Ruhrgebiet.

Bestehende Freizeitangebote sollen weiter ausgebaut werden. Das Freizeitbad Heveney wurde erweitert und bietet als „Ruhrtal-Therme" ein erlebnisreiches Angebot. In Wetter wird das Freibad zum Naturbad. Neue Freizeitangebote gerade für Kinder und Jugendliche wie Aktivcamps oder Ritterspiele in Burgruinen vermitteln spielerisch die reiche Kultur und Natur des Ruhrtals. Im Hattinger Industriemuseum Henrichshütte lockt die „Ratte" auf den Weg des Eisens. Besonders beliebt die „Spätschicht" am Freitag Abend, es finden Familienführungen oft auch mit Fackeln statt, eine Attraktion für Kinder.

Schwingen über der Ruhr_Thomas Griesohn-Pflieger

Ende der neunziger Jahre überlegte die Ökologie-Redaktion des Westdeutschen Rundfunks in Köln einen Dokumentarfilm über Natur im Ruhrgebiet in Auftrag zu geben. Man wollte den vielen eindrucksvollen Naturfilmen, die Fauna und Flora fremder Länder vorstellen, eine Produktion gegenüberstellen, die im Sendegebiet des WDR selbst entstanden war. Das ehrgeizige Ziel: Natur im Ruhrgebiet, von der viele Menschen auch in NRW glauben, dass es sie gar nicht gibt, sollte dargestellt werden.

Eine Konzeption war schnell geschrieben, doch fand die Redaktion ein Haar in der Suppe. Man wollte nämlich den angeblich reizvollen Kontrast zwischen Industriekulisse und grüner Oase dargestellt haben. Rauchende Schlote hier, Nachtigallenschlag dort. Wir Filmemacher hatten mit der Natur keine Probleme, wohl aber mit der Industriekulisse. Schließlich konnten wir mit einigen Aufnahmen aus den Industriemuseen der Region den Vorurteilen der Redaktion Genüge tun.

Der Film „Schwingen über der Ruhr" läuft seit Jahren in allen deutschsprachigen Ländern mit Erfolg und zeigt tatsächlich Natur, die viele unserem Ballungsraum nicht zugetraut hätten und das Schönste: Fast alle Naturaufnahmen wurden in Hattingen oder in der unmittelbaren Umgebung gedreht.

Vor allem das Ruhrtal hat für Vogelbeobachter, oder überhaupt für Naturfreunde, eine Menge zu bieten. Es sind vor allem die großen und leicht zu beobachtenden Vögel, die den Reiz ausmachen. Graureiher staksen über die Wiesen des Wassergewinnungsgebietes auf der Jagd nach Mäusen und Käfern. Im Naturschutzgebiet unterhalb der malerischen Burgruine Blankenstein hat sich vor Jahren schon eine kleine Brutkolonie angesiedelt. Mit etwas Geduld kann auch der Spaziergänger mit Staunen verfolgen, wie die storchgroßen Vögel eine fette Wühlmaus im Ganzen verschlucken und ein dicker Kloß den Hals hinunterfährt.

Buntes Leben im Winter

Im Winter ist das Ruhrtal belebt von Gänsen und Enten. Kanadagänse, die es erst seit zwanzig Jahren bei uns als Brutvögel gibt und die von Parkteichflüchtlingen abstammen, haben die saftigen und vor allem ungestörten Wiesen in der Wassergewinnungszone als Winterquartier entdeckt. Viele von ihnen sind beringt und wir wissen daher, dass ein Großteil der Winterpopulation aus dem Ruhrgebiet stammt. So kann es sein, dass eine Gänsefamilie aus Oberhausen oder Mühlheim den Winter mit gut 500 anderen Gästen an der Ruhr zwischen Witten und Niederwenigern verbringt. Die großen stattlichen Tiere treffen hier auf Graugänse, die in kleineren Verbänden unterwegs sind und auch als Brutvögel das Sommerhalbjahr bei uns verbringen. Nilgänse, ebenfalls Nachkommen von Ziergeflügel, breiten sich seit Jahren in Nordwestdeutschland aus und sind bei vogelkundlichen Beobachtungsgängen an der Ruhr immer zu sehen. Dazu kommen andere Wasservögel wie Höckerschwäne, die attraktiven Haubentaucher mit ihren beeindruckenden Hochzeitstänzen und jede Menge Enten. Teilweise kommen sie von weit her, um die kalte Jahreszeit im Ruhrtal zu verbringen. Reiherenten aus der Ukraine, Gänsesäger aus Skandinavien, Rotdrosseln aus dem Baltikum, Kormorane aus Dänemark, Erlenzeisige aus Russland? Fast immer können wir die Herkunft der Wintergäste nur vermuten, denn es liegen nur wenige Ringfunde vor. Da ist das Ablesen der großen, farbigen Ringe an den Beinen der Ruhrpott-Kanadagänse erheblich einfacher.

Schwalben im Frühling

Im Frühjahr vereinzeln sich die großen Schwärme, die Brutzeit bricht an. Über der Ruhr jagen Rauch- und Uferschwalben. Letztere brüten in Erdlöchern, die sie in die Abbruchkanten des Ruhrufer bohren. Ganz ähnlich macht es der Eisvogel mit seinen Brutröhren. Ihm hängt der Nimbus des seltenen Exoten an und tatsächlich werden ihn Spaziergänger trotz seiner auffälligen Farbenpracht nur selten zu Gesicht bekommen. Erfahrenere Vogelbeobachter, zum Beispiel die, die mit der vhs Hattingen durch die Natur streifen, sehen bei jedem Beobachtungsgang an der Ruhr den fliegenden Edelstein. Nur nach harten Wintern ist er wirklich selten. Aber schnell sind die Bestände aufgefüllt. Im Sommer führen die Gänse ihre Jungen auf die hundefreien Wiesen des Wassergewinnungsgeländes. Bussarde kreisen über den Hangwäldern der Ruhrterrassen, ab und zu versetzt ein Baumfalke, der wie ein Blitz durchs Himmelsblaue rast, die Schwalben und Mauersegler in Angst und Schrecken.

Adler im Sommer

Kaum glauben wir Menschen, es sei richtig Sommer, ziehen schon wieder die ersten Zugvögel die Ruhr entlang nach Südwesten. Besonders auffällig tun das die Fischadler, die oft schon im August ihre Schwingen über der Ruhr ausbreiten. Für unsere Verhältnisse sind sie mit etwa 1,80 Meter Flügelspannweite riesige Greifvögel. Sie fischen in der Ruhr, rasten an den Altarmen und manchmal kann man sie über der Stadtmitte sehen, wenn sie abends in die Wälder des Hügellandes fliegen um zu übernachten. Auch Störche lassen sich alljährlich in kleinen Trupps in Hattingen, oft im Ruhrtal, sehen. Meist ist nach zwei, drei Tagen der Traum der demografischen Wende wieder vorbei und die größten Vögel sind wieder die Graureiher.

Eindrucksvoller Vogelzug im Ruhrtal

Übergangslos geht es in den Herbst. Fast unbemerkt verlassen uns die Mauersegler, die in großen Wolken über der Ruhr jagen und sich besonders von der Koster Brücke aus, da sogar von oben, beobachten lassen. Die Schwalben werden immer weniger, die Gänsefamilien tun sich zu Trupps zusammen und im Oktober setzt sichtbarer Vogelzug ein, wenn Schwärme von nordischen Drosseln und Saatkrähen durch die Aue ziehen. Oft folgen ihnen Sperber, die wie von der Sehne geschnellt blitzschnell um die Hecken rasen und einen Singvogel überraschen wollen.

Spaziergänge und Gratwanderungen

Und dann wird es wieder Winter und je nach Witterung kommen seltenere Vögel bis in die Stadt. Manchmal lassen sich Reiherenten und Gänsesäger, Eisvogel und Nilgans auch auf dem winzigen Stück Wasser sehen, das den Verlauf der alten Ruhr im Henrichspark nachbildet.

Das Ruhrtal sollte der Naturfreund an Tagen besuchen, wenn es nicht Tausende tun. Es besteht die Gefahr, dass das Ruhrtal an seinem Erfolg erstickt. An schönen, warmen Tagen geschieht es, dass die Landschaft zur Dekoration verkommt, so viele wollen sehen und gesehen werden. Unbedingt müssen größere Freiräume vor touristischem Druck geschützt werden, denn nur so bleibt die Attraktivität für alle erhalten. Eine Gratwanderung.

Im Ruhrbogen von Winz-Baak muss dieser Grat noch gesichert und markiert werden. Hier liegt eines der größten Naturschutzgebiete der Region. Die Ruhraue von Winz-Baak: Dutzende Heckrinder, deren Erscheinung an die ausgestorbenen Auerochsen erinnert, weiden hier und halten die Aue einigermaßen offen. Die Vogelwelt und andere Organismengruppen sind dabei zu regenerieren und erlangen zumindest einen Schein des alten Glanzes zurück. Doch das darf selbst der stille Spaziergänger oder Naturfreund nicht erleben, der hier Naturschutz nur als verbotene Zone erlebt. Eine behutsame Öffnung, die einen stillen, bescheidenen Überblick über diese Herrlichkeit bietet, tut Not. Naturentfremdung wird nicht die Quelle sein, aus dem in Zukunft der Naturschutz Unterstützung schöpfen kann.

Waldvögel im Hügelland

Und im Hügelland? Gibt es dort, wo Tausende Erholung suchen, keine Vögel oder andere Natur zu bestaunen. Doch Naturerleben ist auch in den Ausläufern des Bergischen Landes, gegen die die Ruhr seit Jahrtausenden anrennt, möglich. Stellenweise sind sehenswerte Hallenbuchenwälder mit bemerkenswertem Ilex-Unterwuchs zu bewundern. Sowas gibt es in Europa nicht oft!

In manchen Jahren hängen die Ilexbüsche voller roter Beeren und dann sind die Drosseln im Herbst die Kostgänger, die auf dem Weg in das Winterquartier hier die Fettreserven ergänzen. Das ganze Jahr über sind Meisen, Kleiber, Finken, Baumläufer, Bunt- und selten auch der Schwarzspecht zu sehen. Aber das Leben der Waldvögel spielt sich mehr im Verborgenen ab. Die machtvolle Energie des Vogelzuges, die hohen Zahlen, die großen Schwärme sind eher im Ruhrtal zu erleben.

Besondere Erscheinungen sind Eisvögel und Wasseramseln an den vielen sprudelnden Bächen, Rotmilan, Bussard, Habicht und selten auch der Wespenbussard kreisen über den Tälern und viele Kleinvögel sind vor allem im Frühjahr zu hören und meist auch zu sehen. Abseits der Massenattraktionen kann man stundenlang ungestört wandern, den Buchfink schlagen hören, dem kreisenden Bussard zuschauen und am murmelnden Bach auf den Eisvogel warten.

Tipp für Einsteiger

Wer sich als Einsteiger der Vogelbeobachtung im Ruhrtal widmen möchte, dem sei ein Spaziergang auf der Bochumer Seite empfohlen. Von der Kemnader Brücke oder vom Gasthaus „Alte Fähre" bis zur Koster Brücke und durch die Wiesen wieder zurück. Von dort aus lassen sich die Hattinger Hangwälder mit Bussard, Habicht und Sperber gut überblicken. So auf den Geschmack gekommen, sollte man den Kemnader See besuchen oder den Leinpfad entlang wandern.

Und weil man in Gesellschaft mehr sieht, noch mal der Hinweis auf die Beobachtergruppe der vhs Hattingen. Die Termine stehen im Internet: **www.birdnet.de/vhs**

Das Hügelland

Die Geschichte des Hügellands lässt sich anhand eines Schenkungsdokuments an die Abtei Essen-Werden bis ins neunte Jahrhundert zurückverfolgen. Darin findet der Bach „farnthrapa", wohl der heutige Felderbach, Erwähnung. Dem Hof Fahrentrappe, der heute zum Hattinger Ortsteil Oberelfringhausen gehört, entstammt mit großer Wahrscheinlichkeit der berühmteste Sohn des Hügellandes: Albertus Varentrappe. Der angesehene, hoch dekorierte Gelehrte stand von 1408 bis 1409 der philosophischen Fakultät der Universität Prag vor, später war er Mitbegründer der Universität Leipzig.

Die bodenständigen Hügelländer gingen überwiegend der Landwirtschaft nach und waren Hattingen vor allem durch die Zugehörigkeit zu dessen Kirchspiel eng verbunden. Weite Wege machten den Kirchgang jedoch beschwerlich und waren im Jahre 1787 der Grund für den Anschluss an die Kirchengemeinde Herzkamp. Bereits 1825 kam es dann zur „Wiedervereinigung" – zumindest auf Verwaltungsebene: Das Hügelland wurde der Bürgermeisterei Hattingen unterstellt.

Ihren Lebensunterhalt verdienten die Hügelländer später auch als Handwerker, waren Köhler, Fuhrleute, Kiepenträger und Handelsmänner. So soll es um 1650 Kohlengruben gegeben haben (deren Felder allerdings wenig ergiebig waren) und auch Eisenerz (Spateisenstein) abgebaut worden sein. Schließlich gab es einst im Hügelland Eisenkotten, in denen Nägel und andere Kleineisenteile geschmiedet wurden.

Im 18. und 19. Jahrhundert arbeiteten viele Hügellandbewohner in den Zechen Bredenscheids und Sprockhövels. Im Bergischen Land, insbesondere in Barmen und Langenberg, entwickelte sich zu dieser Zeit die Textilindustrie und so lernten die Elfringhauser vermehrt auch das Färber-, Weber- und Bandweber-Handwerk. Das Bandwebereimuseum am Kulturzentrum Felderbachstraße gewährt heute spannende Einblicke in diesen Teil der Hügelland-Historie.

Hattingen zwischen Wald und Wasser

Aus gutem Grund kommt der Slogan „Hattingen – zwischen Wald und Wasser" allen hartnäckigen Vorurteilen gegen das Ruhrgebiet zuvor. Denn voraussichtlich wird die Bedeutung von Fluss und Landschaft für den Tourismus in der Region weiter zunehmen. und Hattingen als Natur- und Ruhr-Oase in diesem Zusammenhang eine zentrale Rolle spielen.

Nur wenige Schritte nördlich der Altstadt und unmittelbar hinter den Siedlungsgebieten Welper und Blankenstein wartet die Ruhr mit einem ihrer schönsten Abschnitte auf – eine Topp-Passage des Radwanderweges von der Quelle bis zur Mündung. An der Stadtgrenze zu Bochum und Witten liegt direkt unterhalb der Ruhruniversität Bochum der Kemnader Stausee, Ausgangspunkt für Wassersport und Bootsfahrten ruhraufwärts zu weiteren Hotspots wie Burg Volmarstein oder das bergbauliche Muttental. Und jeder weiß: Wenn an Wochenenden ein Zischen und Pfeifen die Stille am Wasser stört, ist die historische Dampfeisenbahn nicht weit.

Südlich der Altstadt gelangt man in wenigen Minuten in den Schulenberger Wald, der mit zahlreichen Wanderwegen, dem Bismarckturm und dem Restaurant „Schulenburg" nicht nur für Jogger eine erste Adresse ist. Von hier aus kann, wer Zeit und Puste hat, praktisch ohne den Wald zu verlassen, bis Wuppertal und ins Bergische Land streifen.

Ein mindestens ebenso wichtiges Naherholungsgebiet bilden die Wälder rund um Holthausen und Bredenscheid. Nahe einem prähistorischen Hügelgrab liegt, eingebettet in die grüne Landschaft, die Hattinger Reha-Klinik. Und auf dem Weg nach Bredenscheid begegnet man mitten im Wald einem bemerkenswerten Zeugnis der Industrialisierung: Auf sieben in Naturstein gemauerten Bögen ruht eine inzwischen aufgegebene Eisenbahntrasse.

Erholung erleben

Der Begriff „Hügelland" ist ein Synonym für die gesamte Erholungslandschaft, die sich von Hattingen bis ins Bergische Land hinein erstreckt. Unter dem Namen „Elfringhauser Schweiz" erfreut sich ein Teil von ihr, der südlichste Zipfel Hattingens, besonderer Beliebtheit – und das nicht nur bei Wanderern. Die Landschaft erinnert nämlich tatsächlich an südliche Gefilde und bringt ihre Gäste blitzschnell in Urlaubsstimmung. Schöne alte Höfe in Fachwerk und Naturstein – wie der Auerhof – oder das Stollenmundloch – ein Relikt des frühen Bergbaus in der Fahrentrappe – sind willkommene Unterbrechungen auf ausgedehnten Wanderungen. Fürs leibliche Wohl sorgen zahlreiche Bauernhöfe, die einen Direktverkauf anbieten, und urtypische Restaurants mit regionaler Küche (Verzeichnis im Serviceteil). Insbesondere die Gemüsescheune im Wodantal oder der Bergerhof in Elfringhausen sind beliebte „Rast-Stätten". Neben wunderschönen Spaziergängen, einer Rodelwiese für den Winter, Spaß und Spiel für Groß und Klein bietet der Bauernhof heimische Leckerbissen und die Gelegenheit, Windkrafträdern und Solaranlagen bei der Stromerzeugung zuzusehen.

Auch Schneesportler und Kulturbeflissene kommen im Hattinger Hügelland auf ihre Kosten: Der Skilift bei Landhaus Siebe – er dürfte einer der nördlichsten in Nordrhein-Westfalen sein – lockt im Winter Skifahrer in die „Schweiz", und das Bandwebereimuseum in Elfringhausen fasziniert nicht nur mit technischen und historischen Fakten zur Bandweberei, sondern auch mit originalen Webstühlen.

Wandern in Hattingen

Wunderschöne Wege und lohnende Ziele finden Sie in Hattingen reichlich. Aus der Fülle der Routen präsentieren wir hier nur eine kleine und hoffentlich anregende Auswahl. Daneben macht die Wanderkarte Lust auf zahllose, ganz individuelle Kombinationen.

Der Sauerländische Gebirgsverein hat vielerorts die Kennzeichnung der Wanderwege übernommen, darunter auch der „Hattinger Rundwanderweg" mit einer Gesamtlänge von 59 Kilometern. Oft lässt sich eine Wanderung oder ein Spaziergang mit einem Einkauf in einem der vielen Hofläden verbinden, die im Zentrum der Elfringhauser Schweiz erzeugernah landwirtschaftliche Produkte wie Gemüse, Fleisch, Käse und Brot anbieten. Eine aktuelle Liste ist beim Bürger-, Heimat und Verkehrsverein Elfringhausen erhältlich.

Elfringhauser Schweiz

Im äußersten Süden Hattingens beginnt die „Elfringhauser Schweiz". „Natürlich" hat das attraktive Erholungsgebiet eine Menge zu bieten. Unter www. hattingen-elfringhausen.de erfahren Sie, was: Dort lesen Sie alles über Restaurants und Hotels, Freizeit und Sport, Hofvermarktung, Tierpensionen, Handwerksbetriebe und – besonderer Tipp! – das Bandwebereimuseum. Gelernte Bandweber demonstrieren dort an laufenden Maschinen das Weben von Bändern.

Hattinger Rundwanderweg

Dieser Rundwanderweg, der sich in sechs Passagen teilt, führt überwiegend durch die Elfringhauser Schweiz. Beginnen Sie an der S-Bahn-Haltestelle Hattingen-Bahnhof, in der Nähe des Parkplatzes hinter dem Stadtmuseum am Blankensteiner Marktplatz, an der Ruhr-Schwimmbrücke Bochum-Dahlhausen, am Pony-Club Homberg, an der Schutzhütte unterhalb des Höhenweges in Elfringhausen, am Haus Felderbachtal (Felderbachstraße), an der Gaststätte „Zum Hackstück" oder natürlich an einer der Stationen entlang der Strecke.

Mitten in den Hügeln: Wandergebiet Auerhof

Das Wandergebiet „Auerhof" in der Elfringhauser Schweiz ist ein kompaktes, gut erschlossenes Naherholungsgebiet auf einer Fläche von etwa 85 Hektar. Mit Rundstrecken von 1,5 km, 1,8 km, 3,2 km, 4,4 km, 5,7 km, 6,0 km, 7,0 km und 9,7 km Länge bietet es eine große Auswahl und eine Fülle von Kombinationen – und beheimatet außerdem einen Teil der Hauptwanderstrecke X28 des Sauerländischen Gebirgsvereins.

Das Wandergebiet „Auerhof" befindet sich im südlichen Randgebiet der Stadt Hattingen und erstreckt sich mit einem Höhenunterschied von fast 100 Metern aus dem Tal des Felderbachs in Oberelfringhausen bis zur Oberstüterstraße in Hattingen-Oberstüter. Der Zugang zum Auerhof erfolgt für Autofahrer sehr bequem am besten über drei Parkplätze mit insgesamt etwa 180 Einstellplätzen: unmittelbar am Felderbach, mit ausgeschilderter Zufahrt von der „Felderbachstraße" (L 924 Wuppertal-Herzkamp - Elfringhausen - Nierenhof), Abzweig neben dem Gehöft „Auerhof", an der Oberstüterstraße, gegenüber dem „Kauerhof"; am Bergerweg, mit ausgeschilderter Zufahrt von der Oberstüterstraße.

Weitere Parkmöglichkeiten befinden sich sowohl im Felderbachtal als auch auf der Höhe (Oberstüterstraße). Die großräumige Anbindung erfolgt über die erwähnte L 924 und die Wodantalstraße (K 33 Quellenburg / Schee - Nierenhof). Im öffentlichen Personennahverkehr besteht eine Anbindung über die Omnibuslinie 634 der Wuppertaler Stadtwerke mit den Haltestellen „Lindenhof", „Lifterhof" und „Elfringhauser Schule" an der Felderbachstraße.

Am Rande der „Schweiz": Der Schulenbergwald

Der Schulenbergwald, nur wenige hundert Meter vom Zentrum entfernt, hat als stadtnahes Erholungsgebiet für Hattingen eine große Bedeutung. Er erschließt sich heute vor allem über den Parkplatz unterhalb des Ausflugslokals „Schulenburg". Der Hattinger Stadtwald wurde durch ein engmaschiges Wegenetz mit Bänken und Schutzhütten parkähnlich erschlossen, ohne den Eindruck eines Naturwaldes (vorwiegend Laubholz, im Unterholz dichte Ilexbestände) zu zerstören. Wenn man ihn nach 1,5 Kilometern in südwestlicher Richtung verlässt, blickt man ins Wodantal und weiter auf die Elfringhauser Schweiz. Wenige Minuten von der Schulenburg entfernt wurde um 1900 der elf Meter hohe Bismarckturm errichtet, der eine beeindruckende Aussicht über die Stadt und das angrenzende Ruhrgebiet bietet.

Bismarckturm

**Hoch über der Ruhr:
Ruine Isenburg**

Zwei Kilometer westlich der Hattinger Altstadt erhebt sich aus der Ruhraue der Steilhang des Isenbergs (202 m) mit einer eindrucksvollen Burgruine. Der um 1200 erbaute Sitz der Grafen von Altena-Isenberg war ungefähr 240 Meter lang und 40 Meter breit und wurde bereits im Winter 1225/26 zerstört. Dank des jahrelangen Engagements des „Vereins zur Erhaltung der Isenburg" und der „Buddel AG" (Schüler des Gymnasiums Waldstraße unter Leitung des früheren Kreisheimatpflegers Dr. Eversberg) wurden der Grundriss der Burg freigelegt, die Mauerreste gesichert. Interessant und abwechslungsreich ist eine Wanderung über den Höhenrücken des Isenberges. Vom Parkplatz an der Isenbergstraße, unterhalb des Isenberges, führt ein ausgeschilderter Weg recht steil durch den Wald hinauf zur Burgruine. Der Ausgangspunkt ist auch mit den Buslinien 141 und 331 zu erreichen.

Kurz vor der Unterburg gibt eine kleine Aussichtskanzel den Blick auf den Ruhrbogen und Hattingen frei. Der Weg durch die Burganlagen vermittelt eine Vorstellung von den imposanten Ausmaßen der Burg. Das erst im 19. Jahrhundert erbaute Haus Custodis ist immer sonn- und feiertags von 15 bis 17 Uhr geöffnet (Winter: 14 bis 16 Uhr) und beherbergt Ausstellungen des Vereins zur Erhaltung der Isenburg e.V..

An den Resten des Bergfrieds und einer Freilichtbühne vorbei führt der Weg über den Rücken des Isenbergs (SGV-Wanderweg X 28) in Richtung Velbert-Nierenhof. Nach etwa 1,5 Kilometern liegt rechts ein ehemaliger Steinbruch, der von Mitgliedern des Deutschen Alpenvereins zu einer Übungs-Kletteranlage ausgebaut wurde. Bei den ersten Häusern erreicht der Wanderweg das Sträßchen „Am Isenberg". Vorbei an den Hängen des Isenberges geht es zurück zum Ausgangspunkt. Streckenlänge ca. 5 km.

Radfahren in Hattingen

Hattingen bietet mit seiner abwechslungsreichen Hügellandschaft und dem idyllischen Ruhrtal viele reizvolle Strecken für Radfahrer. Die Kombinationsmöglichkeiten zwischen Randstreifen, Feld- und Radwegen und sind fast unendlich, und überall „lauern" neue Verbindungen, Aussichten und Einblicke. Wer als Neuling die Hattinger Landschaft erkunden möchte, dem möchten wir die folgenden Touren ans Herz legen:

Der Leinpfad entlang der Ruhr, wo früher mit Pferdegespannen die Ruhraaken stromaufwärts gezogen wurden, ist ein idealer, fast steigungsloser Radweg. Er bietet die Möglichkeit, ruhrabwärts etwa zum Baldeneysee nach Essen zu fahren und von dort (unterhalb der Villa Hügel) mit der S-Bahn wieder zurück zu reisen. Flussaufwärts lohnt eine Tour zum Haus Kemnade und dem Kemnader See. Vielfach findet man Anschlüsse an überregionale und regionale Radwege.

Nach ihrer Stilllegung für den Eisenbahnverkehr und der Herrichtung als Radweg gibt die alte Bahntrasse zwischen Hattingen und Sprockhövel eine hervorragende Route ab. Von Hattingen-Mitte über Bredenscheid und Sprockhövel über den Bahnhof Schee hinaus, bis zur Stadtgrenze zu Wuppertal, geht es durch eine abwechslungsreiche Landschaft, die so manchen Hingucker bereithält. Derzeit beginnt dieser schöne Weg in der Kurve der Bredenscheider Straße am Sünsbruch. Vom Zentrum ist er am besten über die Friedrichstraße erreichbar. Gerade für Familien mit Kindern ist diese Route sehr gut geeignet, da sie abseits der Autostraßen verläuft und kaum Steigungen aufweist. Direkt an der Trasse eignet sich übrigens der Kinderspielplatz in Bredenscheid hervorragend für eine Familienpause. Zurück könnte es dann durchs Wodantal gehen, teilweise auf einem Radweg entlang der Straße. Zur Stadtmitte gelangt man, nachdem man zum Beispiel den ökologischen Lern- und Lehrgarten „Am Zippe" besichtigt hat, durch den Schulenbergwald.

Die Radtour Ruhr, die Route der Industriekultur per Rad, ist vom Regionalverband Ruhr (RVR) ausgearbeitet und beschildert worden. Dieser familienfreundliche, etwa 300 Kilometer lange Radweg kann auch in Etappen zurückgelegt werden, wieder ist eine Vielzahl von Kombinationsmöglichkeiten mit anderen regionalen Radwegen möglich. Vorbildlich auch die Einbeziehung des Öffentlichen Nahverkehrs: Von vielen Zwischenetappen oder Zielen ist die Rückfahrt mit der Bahn möglich. Eine praktische Klappkarte mit allen notwendigen Angaben ist unter dem Titel „Radtour, Rundkurs im Ruhrgebiet" im Buchhandel erhältlich, der Radweg am Zeichen „Radtour Ruhr" zu erkennen.

Für all diejenigen, die über Hattingen hinaus radeln wollen, bietet der Regionalverband in Zusammenarbeit mit den Kommunen und Kreisen eine Reihe aufeinander abgestimmter Radwegekarten an, zum Beispiel die Hattinger Karte „Radwanderkarte Ennepe-Ruhr-Kreis und Stadt Hagen" (im Buchhandel).

Die Stadt ist übrigens auch an das überregionale Radwegenetz angeschlossen. Selbst die „Kaiserroute" von Paderborn nach Aachen führt durch Hattingen.

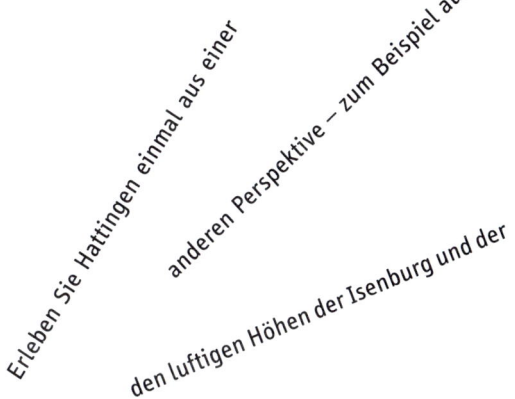

Erleben Sie Hattingen einmal aus einer

anderen Perspektive – zum Beispiel aus

den luftigen Höhen der Isenburg und der

Aussichtspunkte   Burg Blankenstein, vor beeindruckender

Industriekulisse vom Hochofen aus oder

„ganz natürlich" im Gethmannschen Garten

und in der Elfringhauser Schweiz.

Burg Blankenstein

Der Aufstieg auf den Turm lohnt die Mühe. Der östliche Teil des Ruhrverlaufs in Richtung Witten liegt in drei Varianten direkt vor Ihnen: Der ursprüngliche Verlauf unmittelbar am Fuße der Burg durch das Naturschutzgebiet Katzenstein bis hin zu Haus Kemnade lässt sich anhand der Vegetation erahnen. Ein alter Ruhrarm verläuft bis zum Blankensteiner Ruderverein, dahinter liegt die heutige Ruhr in einem Wassergewinnungsgebiet. Nicht minder reizvoll sind der Blick über Bochum-Stiepel mit der romanischen Stiepeler Dorfkirche und die Aussicht über das Freizeitparadies Kemnader See.

Natürlich bietet auch Blankenstein selbst von hier oben einen phantastischen Anblick. So wird unter anderem die städtebauliche Anlage der Häuser deutlich: Sie schmiegen sich halbringförmig um den Burggraben, etwas im Hintergrund die beiden Kirchen und das Stadtmuseum am Marktplatz.

Isenburg

Mitten in der Burganlage können Sie das Ruhrtal von der Dahlhauser Schleuse bis zum Henrichs Gewerbepark bestaunen. Der wunderschöne Ruhrbogen Hattingens mit seinen vielen Buhnen ist zur Heimat schwarzer Auerochsen geworden. Von hier aus können Sie ihnen beim Weiden zuschauen. Mit dem Fernglas blickt man über die Ortsteile Holthausen, Welper und bei guter Sicht sogar bis zum Fernsehturm nach Dortmund.

Belvedere

Hoch über der Ruhr kann man am Ende des Gethmannschen Gartens eine fast verwunschene Aussichtskanzel entdecken. Hier genießen Sie einen wunderschönen Blick über den mittleren Abschnitt des Hattinger Ruhrtals: im Westen die Kosterbrücke, im Osten der Kemnader Stausee.

Hochofen

Als Kernstück des Industriemuseums stellt der Hochofen III der ehemaligen Henrichshütte eine Landmarke dar. Vorbei am Schrägaufzug, mit dem die Rohstoffe Kohle und Erz einst nach oben transportiert wurden, gelangen die Besucher ganz bequem mit dem gläsernen Lift oder zur Fuß über 102 Stufen zur oberen Plattform – und stehen am Ende neben der Einfüllöffnung des Hochofens. Von Birschels Mühle bis zur Kosterbrücke breitet sich nun das ehemalige Industriegebiet vor ihnen aus. Von hier oben kann man nicht nur anhand zahlreicher Neubauten den Strukturwandel nachvollziehen, sondern auch den zugunsten der Henrichshütte im Jahre 1959 verlegten Ruhrverlauf erahnen, der heute durch neu angelegte Wasserflächen symbolisiert wird. Natürlich vermitteln aber auch das Industriemuseum selbst sowie das angrenzende Feuerwehrmuseum tolle Eindrücke vom Leben und Arbeiten in der Region.

Bismarckturm

Der Turm wurde im Jahre 1900 zu Ehren des Reichskanzlers Fürst Bismarck errichtet. Baumeister war kein geringerer als Christoph Epping, der auch für das Hattinger Rathaus verantwortlich zeichnet. Mitten im Schulenberg-Wald und dennoch nur einen Steinwurf von der Altstadt entfernt genießt man hier einen tollen Rundblick, von der Isenburg über die Südstadt bis hin zur Altstadt. Das Hattinger Rathaus ist mit bloßem Auge zu erkennen. Im Hintergrund Bochum mit der markanten Kuppel der Sternwarte, als Hommage an ihren Gründer scherzhaft auch „Kap Kaminski" genannt. Von hier aus wurden seinerzeit die Signale des „Sputnik" verfolgt.

Wasserturm Blumenweg

Etwas versteckt hinter dem denkmalgeschützten Gymnasium an der Waldstraße gelangt man am Ende des Blumenweges zum Wasserturm aus dem Jahre 1908. Von hier, dem „Hörstken" aus öffnet sich im Rücken des evangelischen Friedhofs etwas unvermutet ein wunderschöner Blick auf die Hattinger Altstadt. Die Schieflage des Kirchturms von St.-Georg ist ganz besonders deutlich zu beobachten.

Kornbrennerei Vogelsang

Die bereits vor geraumer Zeit zur attraktiven Wohnanlage umgebaute ehemalige Kornbrennerei in der Hombergsegge bietet einen schönen Blick über den Hattinger Ortsteil Niederwenigern. Die Silhouetten des Doms und der etwas kleineren evangelischen Kirche verleihen dem Panorama einen besonderen Charakter. Gut ablesbar auch die Einbettung des Siedlungsgefüges in die grüne Landschaft oberhalb der Ruhr.

Elfringhausen

In der Elfringhauser Schweiz gibt es gleich eine ganze Reihe von Aussichtspunkten, die sehr schöne Eindrücke von der Landschaft vermitteln. Wer Glück hat, kann sogar Greifvögel, Uhus, Rehe und Hirsche beobachten. Nicht umsonst trägt dieser Teil Hattingens seinen Namen: Man fühlt sich hier tatsächlich in südliche Gefilde versetzt, Urlaubsstimmung inbegriffen.

Bergerhof

Ein besonders attraktiver Aussichtspunkt ist der Bergerhof. Von hier aus genießt man tolle Ausblicke, vor allem auf Hattingens mit 306 Metern höchste Erhebung, die Wolfkuhle. Auch der Höhenweg, der hinüber zum Deilbachtal führt, bietet eine phantastische Aussicht auf die Landschaft. Von hier aus ist es nicht weit zum Langenberger Sender auf Velberter Stadtgebiet.

Themenroute 15 Bahnen im Revier

Theme trail 15 • Ruhrgebiet Railways

Bochum	**A**	**Eisenbahnmuseum Bochum-Dahlhausen**
		The Railway Museum in Bochum (Dahlhausen)
Hattingen	**B**	**Museumseisenbahn im Ruhrtal**
		The Ruhr Valley Museum Railway
	C	**Henrichshütte**
		The Henrichshütte Iron and Steelworks
Witten	**D**	**Gruben- und Feldbahnmuseum Zeche Theresia**
		The Theresia Colliery and Small Gauge Railway
	E	**Weichenwerk Witten**
		The Witten Points Works
Herdecke	**F**	**Ruhrviadukt**
		The Ruhr Viaduct
Hagen	**G**	**Hauptbahnhof Hagen**
		Hagen Central Station
Gevelsberg	**H**	**Kruiner Tunnel**
		Kruiner Tunnel
Schwerte	**I**	**Ehemaliges Eisenbahnausbesserungswerk**
		The Old Railway Repair Shop
Hamm	**J**	**Museumseisenbahn Hamm**
		The Hamm Railway Museum
Kamen	**K**	**Bahnhof Kamen**
		Kamen Station
Dortmund	**L**	**Zeche Zollern II/IV**
		Zollern II/IV Colliery
Bochum	**M**	**Hauptverwaltung der BOGESTRA**
		BOGESTRA central administration site
Herne	**N**	**Bahnhof Herne**
		Herne Station
	O	**Hauptbahnhof Wanne-Eickel**
		Wanne-Eickel Central Station
Gelsenkirchen	**P**	**Bahnbetriebswerk Gelsenkirchen-Bismarck**
		The Gelsenkirchen-Bismarck Engine Shed
Essen	**Q**	**Bahnhof Zollverein**
		Zollverein Station
Oberhausen	**R**	**Hauptbahnhof Oberhausen**
		Oberhausen Central Station
	S	**Rheinisches Industriemuseum**
		The Rhineland Industrial Museum
Essen	**T**	**Bahnhof Kupferdreh und Hespertalbahn**
		Kupferdreh Station and the Hesper Valley Railway
Mülheim a. d. Ruhr	**U**	**Ehemaliges Straßenbahndepot der DVG**
		The Old DVG Tram Depot
Duisburg	**V**	**Hauptbahnhof Duisburg**
		Duisburg Central Station
	W	**Hebeturm des Homberg-Ruhrorter Eisenbahn-Trajektes**
		The Homberg Ruhrort Railway Lifting Tower
	X	**Haus Knipp-Eisenbahnbrücke über den Rhein**
		The Haus Knipp Railway Bridge over the Rhine
		...nbahn Historischer Schienenverkehr Wesel

Schienen für die Industrie

Erst mit der Eisenbahn stand für die Zechen und Hütten an Ruhr und Emscher ein Verkehrsmittel bereit, das die Mengen an Rohstoffen und Endprodukten befördern konnte. Der Schienenanschluss bedeutete im 19. Jahrhundert – dem Jahrhundert der Eisenbahn – explosives Wachstum. Bis zur Verstaatlichung in den 1880er Jahren waren dafür zunächst Privatbahnen wie die Cöln-Mindener Eisenbahn verantwortlich. Ihre erste Strecke entstand 1847. Daneben wuchs ein gigantisches Netz von Zechen- und Werksbahnen.

Was gibt es auf dieser Tour für den Eisenbahnfreund aus Geschichte und Gegenwart der Bahnen nicht alles zu sehen: historische und neuzeitliche Bahnhöfe, interessante Wassertürme und Brücken sowie Eisenbahnersiedlungen, aber auch eine bunte Vielfalt moderner Schienenfahrzeuge und -anlagen. Es gibt natürlich auch mehrere Museumsbahnen, die richtig Dampf machen. Historische Straßenbahnen kehren regelmäßig auf die Schiene zurück.

Ausgangspunkt der Route ist eines der größten Eisenbahnmuseen Deutschlands in Bochum-Dahlhausen. Übrigens: wussten Sie, dass die erste Eisenbahn Deutschlands im Ruhrgebiet fuhr, wenn auch noch nicht mit Dampf? Also: Auf Wiedersehen auf den Schienen des Reviers.

Informationen:
FON ▸ 0180 / 4 00 00 86
www.route-industriekultur.de

Themenrouten

    Rund um die Hattinger Sehenswürdigkeiten lassen sich auch spannende Themenrouten zusammenstellen. Die folgenden Vorschläge lassen sich nach Lust und Laune auch ganz flexibel miteinander kombinieren, die Beschreibung der einzelnen Hotspots finden Sie in den betreffenden Kapiteln.

Mittelalter an der Ruhr – von der Altstadt nach Blankenstein

Fachwerk und mittelalterliches Flair sind die Hattinger Markenzeichen. Keine andere Stadt im Ruhrgebiet hat so viel Nostalgie zu bieten. Fachwerk-Ensembles gibt es in Hattingen gleich zwei: die Altstadt mit ihren etwa 150 Fachwerkhäusern und Blankenstein mit immerhin 60 Denkmälern.

Beginnen Sie die Tour auf dem geschlossenen Kirchplatz im historischen Stadtkern. Der schiefe Kirchturm der St.-Georgs-Kirche ist ein echter Hingucker und in Westfalen einmalig. Weitere Highlights sind von dort aus leicht zu Fuß zu erreichen: das Alte Rathaus aus dem Jahre 1576, das Bügeleisenhaus und das Alte Zollhaus. Wenn Sie etwa zwei Stunden zusätzlich erübrigen können, gehen Sie den beschilderten Altstadtrundgang, der anhand von Infotafeln alle Sehenswürdigkeiten vor Ort ausführlich erläutert und den Besucher von Station zu Station leitet. Auch fachliche Fragen, etwa zur Stadtbefestigung oder zu Fachwerkkonstruktionen, kommen dabei nicht zu kurz.

■ ■ ■ ■

Nach einer ausgiebigen Pause in der hervorragenden Gastronomie empfehlen wir einen Ausflug nach Blankenstein.

Ein Bummel durch die schmalen romantischen Gassen lässt das mittelalterliche Leben im Schutze der mächtigen Burg Blankenstein erahnen. Noch heute scheinen sich die Häuser förmlich an den Burggraben zu schmiegen. Ein Muss ist der Aufstieg auf den Torturm der Burg. Sie werden sehen: Der Ausblick ist die Anstrengung wert. Zurück in der Freiheit lohnt eine Besichtigung der beiden Kirchen. Lassen Sie Ihre Tour am Marktplatz im Stadtmuseum ausklingen. Hier erfahren Sie alles über die Hattinger Geschichte und können anschließend genüsslich auf der Caféterrasse des Hauses entspannen. Für Nimmermüde empfiehlt sich noch ein kurzer Spaziergang durch den Gethmannschen Garten hinterm Museum. Hier warten zum krönenden Abschluss verwunschene Plätze und überraschende Panoramen.

Hattinger Burgen im Ruhrtal

Der Burgenbau im frühen Mittelalter spielte für die Hattinger Stadtgeschichte eine entscheidende Rolle. Eine der größten Anlagen ihrer Zeit, die von den Grafen von Isenberg erbaute Isenburg, bestand nur von 1200-1225. Ihre Überreste sind einen strammen Fußmarsch bergauf jedoch allemal wert. Nach dem Abstieg von der Burg ins Ruhrtal gelangen Sie auf dem Leinpfad ruhraufwärts schnell zur Birschels Mühle, die auf den Mauern der ehemaligen Burganlage Haus Cliff steht. Vom einstigen Sitz des fränkischen Erbhofschultheißen aus wurde Stadtgeschichte geschrieben und die Stadtwerdung Hattingens entscheidend geprägt. Die Mühle beherbergt heute eine Altenwohnanlage. Bei genauem Hinsehen kann man Überreste der Burg entdecken.

Direkt gegenüber ist das alte Gut „Haus Weile" sehenswert. Nach umfangreicher Sanierung hat sich dort der Gastronomiebetrieb „Landhaus Grum" niedergelassen.

Ein gutes Stück weiter die Ruhr hinauf sind die Reste der Burg Blankenstein mit der umgebenen Freiheit eine ausführliche Besichtigung wert. Sie erinnert an den Nutznießer des Niedergangs der Isenberger, Graf Adolf von der Mark, der die Burg 1227 errichtete. Vom Torturm genießt man eine herrliche Aussicht über das Ruhrtal von Essen nach Dortmund.

Immer bergab geht es von hieraus zur Wasserburg Haus Kemnade, unmittelbar an der Stadtgrenze zu Witten, am Kemnader Stausee gelegen. Nach einem Brand im Jahre 1589 wurde diese Burganlage wiederaufgebaut. Sie beherbergt eine wertvolle Innenausstattung aus der Renaissance, die Sie unbedingt bestaunen sollten. Auf dem Burggelände befinden sich neben einer empfehlenswerten Gastronomie ein Museum für Musikinstrumente und ein Bauernhausmuseum.

Auf den Spuren der Industriegeschichte – von der Henrichshütte zu Arbeitersiedlungen

Die 1854 durch Graf Henrich zu Stolberg gegründete Henrichshütte war bis zu ihrem Ende im Jahre 1987 für nahezu 150 Jahre Montanindustrie in Hattingen verantwortlich und damit richtungsweisend für die Entwicklung der Stadt. Über den rasanten Fortschritt der Industrialisierung um die Jahrhundertwende geriet die Altstadt ins Abseits, während in Welper zahlreiche Arbeitersiedlungen entstanden, die noch heute, teilweise denkmalgeschützt, den Stadtteil prägen.

Nach einem spannenden Besuch des Industriemuseums wandern Sie direkt zu den „Harzer Häusern" in der Henschelstraße: Hier bekommen Sie quasi „im Vorbeigehen" einen Eindruck von den Lebensumständen der Arbeiter, die seinerzeit aus dem Harz angeheuert wurden.

Auf den Spuren der Industriegeschichte sind es nur wenige Schritte zum nächsten Highlight: die Gartenstadt Hüttenau nach einem Entwurf von Architekt Georg Metzendorf, dem Erbauer der berühmten Margarethenhöhe in Essen. Ein Gang von der Marxstraße über die Ringstraße, den Bebelplatz oder die Gartenstraße vermitteln Ihnen ein Gefühl für die historische Bedeutung und die phantastische städtebauliche Anordnung dieser Gartenstadtsiedlung. Durch frühe Privatisierung und damit dem individuellen Zeitgeschmack schutzlos ausgeliefert, lassen sich denkmalpflegerische Ansätze heute leider nur noch erahnen, Städtebau und Wohnwert sind jedoch nach wie vor augenscheinlich.

Ein Stück weiter in Richtung Blankenstein gelangen Sie zu der gleichnamigen Straße in der Siedlung Müsendrei. Die kleine Arbeitersiedlung rund um eine zwischenzeitlich abgerissene Spateisensteinzeche wurde denkmalgerecht restauriert und ist eine anschauliche Dokumentation des Arbeiterwohnungsbaus.

GARTENSTADT·HÜTTENAU·E·G·M·B·H

Schwingen über der Ruhr – Natur in den Ruhrauen

In Hattingen findet man einen der schönsten und abwechs-
lungsreichsten Abschnitt des gesamten Ruhrverlaufs. Auf dem
Leinpfad wandern Sie zu Fuß oder mit dem Rad von der Dahlhauser Schleuse bis zum Kemnader Stausee. Auf dieser Tour kommen
vor allem auch Naturfreunde, besonders Vogelliebhaber, ganz
auf ihre Kosten.

Hoch über Ihnen erhebt sich im Verlauf Ihres Ausflugs auf
einer markanten Felsnase die Isenburg, Sie kommen vorbei an
Birschels Mühle und Haus Weile und finden dort unter anderem
gute Einkehrmöglichkeiten. Längs des Henrichs Gewerbeparks
geht es weiter bis zur Wasserburg Haus Kemnade. Kurz vor dem
Ziel zeigt sich die Silhouette Blankensteins in ihrer ganzen
Schönheit – besonders markant und eindrucksvoll der Torturm
der Burg Blankenstein. Wer es bequemer und noch nostalgischer mag, besteigt am Wochenende den Museumszug mit alter
Dampflokomotive. Der verkehrt zwischen dem Dahlhauser Eisenbahnmuseum und Hagen. Unterwegs haben Sie zahlreiche
Ausstiegs- und Rückfahrmöglichkeiten.

Museumstour

Die zehn Hattinger Museen sind an einem Tag sicher nicht zu bewältigen. Sie bieten für jeden Kunstfreund und Geschichtsfan einfach zu viel Eindrucksvolles und Erlebnisreiches. So haben Sie die Qual der Wahl.

Das Industriemuseum Henrichshütte gewährt Ihnen einen authentischen Einblick in die Historie von Eisen und Stahl. In unmittelbarer Nachbarschaft beherbergt das Feuerwehrmuseum eine der größten Sammlungen historischer Löschfahrzeuge in Deutschland.

Im Stadtmuseum in Blankenstein können Sie sich einen Überblick über die Stadtgeschichte verschaffen und eine der ständig wechselnden Ausstellungen moderner Kunst besuchen.

■ ■ ■ ■

Das Heimatmuseum im Bügeleisenhaus in der Altstadt führt Sie in die Baugeschichte der Hattinger Fachwerkhäuser ein und informiert über die archäologischen Funde auf der Isenburg. Wer es genauer wissen will, steigt auf die Isenburg und macht sich vor Ort und im Museum Haus Custodis selbst ein Bild.

Im Haus Kemnade warten gleich zwei Museen auf interessierte Besucher: das Museum Wasserburg Haus Kemnade mit einer ständigen Ausstellung von Musikinstrumenten und das Bauernhausmuseum.

Übrigens lohnen sich durchaus auch Abstecher in die Peripherie: Elfringhausen etwa zeigt im Bandwebereimuseum zum Beispiel originale Webstühle und erzählt die Geschichte der Textilindustrie. Im Ortsteil Niederwenigern zeichnet das Nikolaus-Groß-Museum unmittelbar neben dem Dom den Lebensweg des NS-Widerstandskämpfers nach.

Der Museumszug ist ein historisches Ereignis auf Schienen. Er verkehrt am Wochenende auf der 1874 im Ruhrtal erbauten Trasse vom Eisenbahnmuseum Bochum-Dahlhausen bis zum Hagener Hauptbahnhof – und macht dabei eine Menge Dampf.

Wandern satt – von der Ruhr ins Bergische Land

Viele überregionale Wanderwege führen durch Hattingen. Inzwischen existieren darüber hinaus ein durchgehender Fahrradweg auf dem historischen Leinpfad der Ruhr von der Quelle bis zur Mündung und ein neuer in Hattingen beginnender Fernwanderweg nach Altenbeken.

Durch den Henrichs Gewerbepark und die Altstadt erreicht man schnell den Schulenberger Wald. Von dort aus lässt sich das gesamte Hattinger Hügelland mit der Elfringhauser Schweiz erschließen. Gut ausgebaute Wanderwege des Bergisch-Märkischen Zweckverbandes, eine typisch regionale Gastronomie und zahlreiche Bauernhöfe mit Direktverkauf heimischer Produkte haben alles zu bieten, was das Wandererherz begehrt.

Kunst

Kunst im öffentlichen Raum spielt eine wichtige Rolle für die Aufenthaltsqualität unserer Städte. Sie stellt sich in den Weg, regt zum Nachdenken an und lädt zum Verweilen ein.

Qualität des öffentlichen Raums

Die „agora" der Griechen und das „forum" der Römer sind die klassischen öffentlichen Räume der Antike – und bis heute Vorbilder aktueller Planungen für Straßen und Plätze. Einer der schönsten ist wohl die von gotischen Gebäuden umsäumte „Piazza del Campo" in Siena.

Bis weit ins 19. Jahrhundert hinein wurde der öffentliche Raum als ein bedeutungsvoller Bereich angesehen, der für die Öffentlichkeit geschmückt wurde, sei es durch die Platzgestaltung selbst, durch die aufwändig dekorierten Fassaden der angrenzenden Gebäude oder durch besondere Kunstwerke. In jedem Fall sollte eine hohe Aufenthaltsqualität sichergestellt werden.

Mit der für die Frühindustrialisierung in der Mitte des 19. Jahrhunderts charakteristischen Verstädterung wurde dem öffentlichen Bereich immer weniger Aufmerksamkeit geschenkt. Schließlich galt es, alle Kräfte zu bündeln, um den vielen zugewanderten Arbeitern der großen Fabriken dringend benötigten Wohnraum zu verschaffen. Um die Jahrhundertwende folgten der von England ausgehenden Gartenstadt-Bewegung und etwas später dem Bauhaus neue Siedlungsideen, die sich auf vergessen geglaubte städtebauliche Qualitäten besannen.

Sowohl im Zweiten Weltkrieg als auch durch Flächensanierungen im Rahmen des Wiederaufbaus wurden viele historische Stadtkerne zerstört. Mit der Politisierung der Architektur gegen Ende der 60er Jahre setzte sich endlich der Wunsch nach Revitalisierung der Städte durch. Man wurde sich bewusst, dass die Besucher nicht nur wegen der Einkaufsmöglichkeiten selbst, sondern verstärkt auch wegen des Flairs und der Atmosphäre kamen. Was im Mittelmeerraum eigentlich nie verloren ging, wurde auch in unseren Breiten wiederentdeckt: die Bedeutung der öffentlichen Straßen und Plätze als Lebensraum für die Menschen.

Man begegnete der Unwirtlichkeit in den Zentren mit der Einrichtung von Fußgängerzonen und bemühte sich wieder, öffentliche Räume zu gestalten. Doch während seinerzeit eher dem Grundsatz: „Weniger ist mehr" gefolgt wurde, spürt man nun vielfach ein fast krampfhaftes Bemühen zur Steigerung der Attraktivität der Fußgängerzonen. So wird es durch übertriebene Gestaltung und Möblierung geradezu ad absurdum geführt.

Wie schön kann ein modernes Kunstwerk im Spannungsfeld historischer Architektur auf einem beinahe leeren Platz wirken, wie viel geht eben diesem Kunstwerk nur wenige Meter entfernt in einer hektischen, unruhigen, zugestellten Fußgängerzone verloren?

Teure, von den Städten in Auftrag gegebene Einzelhandelsgutachten belegen uraltes Wissen: Der Mensch will sich in seiner Umgebung wohlfühlen – auch beim Einkaufen. Ruhige, schöne, nicht überfrachtete Plätze, von historischer und sensibel ergänzter zeitgenössischer Architektur begrenzt, mit sorgfältig ausgewählter Kunst geschmückt, haben nachhaltige Aufenthaltsqualität. Eine ständige Reizüberflutung durch wechselnde Werbung und dichte Möblierung aber bewirkt das Gegenteil.

Kunst im öffentlichen Raum

Kunst soll kommunikativ sein, zur Diskussion anregen, zum Nachdenken bringen, unterschiedliche Positionen, widersprüchliche Meinungen hervorrufen. Sie kann Geschichten erzählen, sich buchstäblich „in den Weg stellen", zum Verweilen einladen. Brauchen wir Kunst im öffentlichen Raum oder genügt es, wenn nur Museen damit geschmückt werden?

Kunst auf Plätzen, in Straßen und vor Gebäuden, Kunst im öffentlichen Raum, Kunst, die jedermann wahrnimmt, über die man streiten kann, mit der man konfrontiert wird, steigert die Aufenthaltsqualität in unseren Städten. Die Kunst selbst wird dadurch öffentlich, der Künstler muss sich mit dem Ort und der öffentlichen Betrachtung auseinandersetzen. Es entstehen neue Spannungsverhältnisse und neue Akzente, die dem öffentlichen Raum gut tun.

Gerade im vergleichsweise kleinen Hattingen wird auf Kunst im öffentlichen Raum besonderer Wert gelegt. Dabei liegen deutliche Schwerpunkte auf den historischen Kernen Altstadt und Blankenstein sowie auf dem durch Industriekultur geprägten Henrichs-Gewerbepark.

Kunst in der Altstadt

In der Altstadt ist vor allem die Skulptur „Hattingia" des Hildesheimer Künstlers Küsthardt aus dem Jahr 1876 erwähnenswert, die nach ihrer Restaurierung wieder in schneeweißem Carrara-Marmor erstrahlt und dem Platz eine ganz eigene Note verleiht. Wie die Krone mit den fünf Stadttoren und das Schild mit dem Stadtwappen zum Ausdruck bringen, gilt die schön gestaltete Frauenfigur als Schutzpatronin der Stadt.

Auf dem Untermarkt, mitten in der quirligen Geschäftszone, lädt die kleine stille Bronzeplastik „Die Hockende" (1980) der Hattinger Künstlerin Ulla H´Loch-Widey zur Besinnung ein. Ein Stück weiter steht unmittelbar vor dem Alten Rathaus eine Miniaturausgabe des „Eisenmannes" – ein Werk des polnischen Künstlers Zbigniew Fraczkiewicz –, dessen größere Brüder seit 1996 als Stiftung des Hattinger Kunstvereins fast martialisch vor der Stadtmauer am Bruchtor Wache halten.

Das ebenfalls von Ulla H`Loch-Widey gestaltete Mahnmal „Gegen das Vergessen" findet sich an der Einmündung des Fußweges Grabenstraße in die August-Bebel-Straße und erinnert an die in der Reichspogromnacht abgebrannte Hattinger Synagoge.

Die etwas kunstgewerblich anmutende Bronzeplastik „Treidelbrunnen" (1988) des anerkannten Aachener Künstlers Bonifatius Stirnberg, 1988 gestiftet von der Sparkasse Hattingen, thematisiert die Ruhr als Transportweg für Kohle und hat sich darüber hinaus als Wasserspielplatz für Kinder etabliert.

Etwas unscheinbar und erst auf den zweiten Blick zu entdecken ist der „Würfel" aus Edelstahl des Klever Künstlers Günther Zins, der das Alte Rathaus mit dem benachbarten Fachwerkhaus des Kirchplatzes in luftiger Höhe verbindet.

„Kunst am Bau" der 1950er Jahre ist an den Häusern Kleine Weilstraße 4, Augustastraße 21 und Roonstraße 5 zu entdecken. Die Sgraffiti des Hattinger Künstlers Bruno Spychalski, aus mehrfach übereinandergelagerten farbigen Putzschichten herausgekratzt, zeigen Motive aus dem direkten Wohnumfeld. Auch in den neuen Siedlungsbereichen der Hattinger Südstadt, Welper und dem Rauendahl zieren diese Bilder viele Fassaden.

Kunstspielstraße

Zum Jahr der Kulturhauptstadt 2010 ist geplant, die Kunst im öffentlichen Raum als ein Alleinstellungsmerkmal der Stadt weiter zu entwickeln.

Unter anderem ist eine Kunstzone in der Heggerstraße vorgesehen. Künstler sollen für Kinder und Jugendliche oder gemeinsam mit ihnen Kunstwerke zum Anfassen und Spielen entwerfen. Den Auftakt hat bereits die liegende Frauenskulptur von Heinrich Brockmeier mit dem Titel „Erwartung" gemacht.

Das Stadttorprojekt

Im Stadtgrundriss sind noch heute die fünf Stadttore in der zum Teil erhaltenen Stadtmauer zu erkennen, ihre genaue Lage jedoch bedarf einer neuen Bestimmung durch moderne städtebauliche Zeichen. Die Idee: Alle fünf Stadttore sollen durch moderne Kunst neu definiert werden.

Das Steinhagentor etwa wurde bereits „reanimiert" durch das „Tor" des Künstlers Voré aus Ettlingen, der im Jahre 2000 aus einem internationalen Wettbewerb der Stiftung für Kunst und Kultur der Sparkasse Hattingen als Sieger hervorging. Der deutsche Künstler hat mit dem „Tor"

eine sehr differenzierte, komplexe Arbeit geschaffen, die sich intensiv mit dem „genius loci" des Steinhagentors auseinandersetzt. Eine diskutierende Menschengruppe, in Sandstein feinsinnig modelliert, steht vor einer geschliffenen Sandsteinstele und hält damit Verbindung zur historischen Stadtmauer, genauer: löst die Strenge der Stadtmauer auf. Über der Gruppe schweben zwei Stahlträger aus Cortén-Stahl, in deren Zwischenraum zehn Stäbe die Assoziation von Fallgittern wecken. Die Arbeit von Voré erinnert stark an ein mittelalterliches Tor, ist bei aller Strenge aber keineswegs abweisend und macht stattdessen neugierig. So weicht der auf den ersten Blick etwas bedrohliche Charakter bei längerer Betrachtung einem eher schützenden Wesensausdruck.

Das Heggertor als Nahtstelle zur Neustadt mitten in der autofreien Heggerstraße wird seit 1995 durch den „Wächter" des tschechischen Bildhauers Jan Koblasa geprägt. Der aus Sandstein gehauene ca. drei Meter hohe Stein stellt sich dem Fußgänger sperrig in den Weg und zwingt ihn förmlich zur Auseinandersetzung.

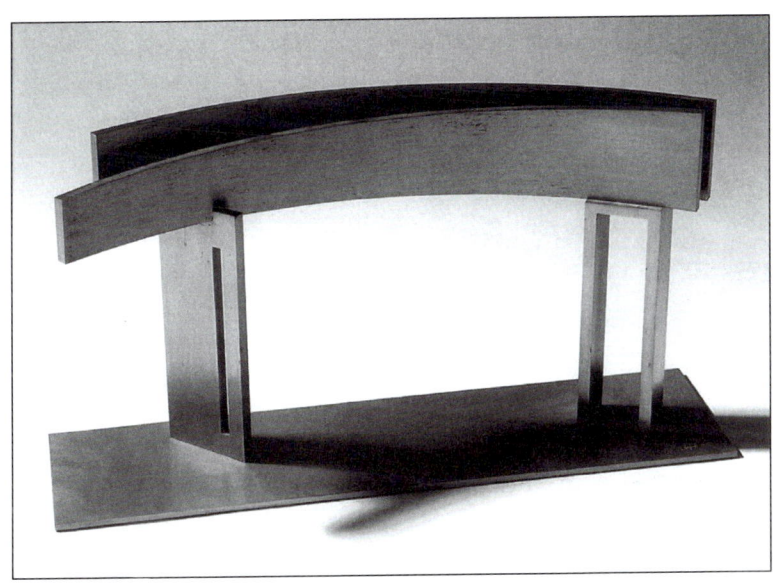

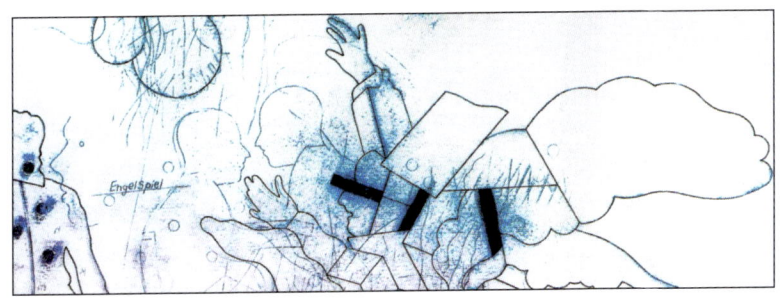

Drei weitere gleichwertige Arbeiten, die aus dem genannten Wettbewerb hervorgingen und die anderen Stadttore schmücken sollen, warten bereits auf Realisierung:

„**La** Porta della Vita" des italienischen Künstlers Marcello Morandini, übrigens Dauergast im Design-Zenrum der Zeche Zollverein in Essen, könnte etwa das Bruchtor neu inszenieren. Eine typisch italienische Arbeit, überaus elegant erinnert sie fast an ein Kirchenportal. Das Portal ist 16 Meter hoch und raumgreifend. Als Material sind weißer und schwarzer Marmor vorgesehen oder auch heimische Materialien wie heller Sandstein und dunkler Basalt.

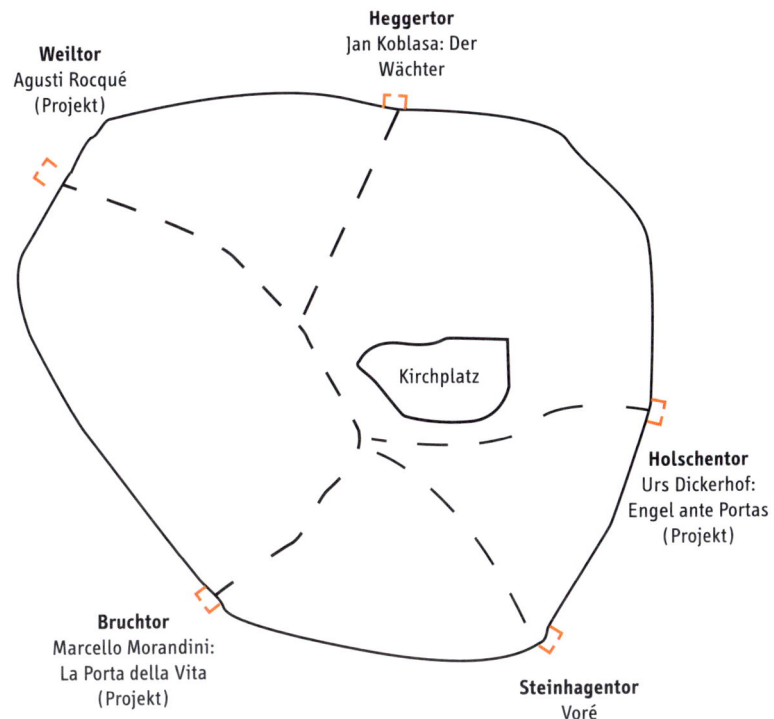

Weiltor
Agusti Rocqué
(Projekt)

Heggertor
Jan Koblasa: Der
Wächter

Kirchplatz

Holschentor
Urs Dickerhof:
Engel ante Portas
(Projekt)

Bruchtor
Marcello Morandini:
La Porta della Vita
(Projekt)

Steinhagentor
Voré

Der Schweizer Künstler Urs Dickerhof hat eine sehr heitere, emotionale Arbeit beigetragen. Flankiert von Engeln, die mit Sack und Pack die Stadt stürmen, sich auch von Mauern nicht abhalten lassen, soll der Besucher die Altstadt betreten. Die differenzierten Figuren aus Edelstahl mit verschiedenartigen Oberflächen reizen zu intensiver Betrachtung.

Der Spanier Augusti Roqué will einen kühnen Bogen aus Stahl über das Heggertor spannen – eine durch und durch städtebauliche Arbeit. Das moderne, geschwungene, ca. sechs Meter hohe Tor soll ein neuer Blickfang beim Betreten der Stadt werden. Das Tor von Roqué hat einen sehr offenen und einladenden Charakter. Es würde das Weiltor in einen neuen Zusammenhang stellen.

Ähnlich wie in Monteriggioni in der Toskana historische Türme den Wehrcharakter und den Verlauf der Stadtmauer nachempfinden, symbolisieren in Hattingen moderne Kunstwerke – einladend und weltoffen – die Historie der Altstadt.

Kunst in Blankenstein

Kommt man aus Hattingen, so wird man am Orts-
eingang Blankenstein hoch über der Straße vom
Roswitha-Denkmal empfangen. Die historische
Skulptur aus dem Jahr
1927 des Künstlers
Gustav Müller erinnert
an die Roswitha-Sage
um den vergrabenen
Schatz von Blanken-
stein.

Der neu gestaltete
Marktplatz in Blan-
kenstein wird nicht
nur durch zwei Sand-
steinstufen, sondern auch durch die Skulptur
„Blanker Stein" des Hattinger Künstlers Egon
Stratmann deutlich von den umlaufenden Straßen-
räumen getrennt. Die Skulptur aus heimischem
Sandstein weist bewusst Bearbeitungsspuren
des Künstlers auf.

Ganz im Gegensatz dazu stehen die fast ent-
materialisierten Säulen aus Edelstahl des Hattinger Künstlers Prof. Bernhard Matthes, an denen
Wasser herunterfließt und die den Eingang zum
Stadtmuseum markieren. Die Reinheit der Form
steht in starkem Kontrast zur historischen Fassade und schafft auf diese Art ein interessantes
Spannungsverhältnis. Beide Skulpturen stammen
aus dem Jahr 2001.

Skulpturenpark im Gethmannschen Garten

Ausgehend von Marktplatz und Stadtmuseum ist ein Skulpturenpark im Gethmannschen Garten geplant. Er soll eine Verbindung zwischen Ort und Landschaft herstellen. Es ist vorgesehen, dort großmaßstäbliche Arbeiten regionaler und internationaler Künstler – zunächst als Leihgaben – aufzustellen. Einige konkrete Ideen des Hattinger Künstlers Jinmo Kang und des Polen Zbigniew Fraczkiewicz liegen bereits vor.

Die Realisierung dieses ehrgeizigen Projektes geht auf eine Initiative des Fördervereins Stadtmuseum zurück und soll einen Beitrag Hattingens zur Kulturhauptstadt 2010 darstellen.

Kunst im Henrichs-Gewerbepark

Von der Altstadt ist der Henrichspark leicht zu Fuß zu erreichen. Der Gewerbe- und Landschaftspark stellt gemeinsam mit dem überregional bekannten Westfälischen Industriemuseum die Verbindung zur Ruhr her. Am 18.12.1987 wurden 150 Jahre Eisen- und Stahlindustrie in Hattingen mit dem letzten Hochofenabstich auf der Thyssen-Henrichshütte beendet. Der inzwischen denkmalgeschützte Hochofen wurde restauriert und ist heute das Herzstück des Industriemuseums. Er ist mit einem gläsernen Aufzug bequem zu erreichen und bietet phantastische Ausblicke.

In einer großzügig angelegten Grünfläche, entlang einer Wasserfläche, die in etwa dem alten Ruhrverlauf entspricht, stehen zwei große Skulpturen der renommierten Künstler Paolo Schiavocampo aus Sizilien und des Düsseldorfers Gereon Lepper, der in einer benachbarten Industriehalle Sommergast ist und auch sein Atelier betreibt.

A ZONE

Leider konnte nur die „Zone A" der Gesamt-
komposition Schiavocampos realisiert werden.
Sein Werk prägt den Eingang in die „Kunstzone",
nimmt den Besucher in Empfang und bereitet
ihn auf die Ästhetik des Henrichs-Gewerbeparks
vor. Direkt zu Beginn nehmen zwei schlanke, ca.
sieben Meter hohe Betonscheiben den Span-
nungsbogen auf. Wie ein Spalier laden sie zum
Durchschreiten ein und öffnen den Blick auf
zwei Obelisken. Von dort aus führt ein schma-
ler Pfad zur Rotunde der „Sandsteinsessel". So
nimmt das Kunstwerk von Paolo Schiavocampo
in kleinem Maßstab das grundlegende Konzept
für die Gesamtanlage vorweg: das Zusammen-
spiel von Natur und Kunst.

Hinter dem Kunstwerk Schiavocampos gelangt man zu einer Brücke über ein künstliches Gewässer. Zwei Segel aus Stahl, die an überdimensionierte Schwingen von Vögeln erinnern, markieren einen wichtigen Orientierungspunkt im Henrichs-Gewerbepark. Ihr Schöpfer, der renommierte Künstler Gereon Lepper, hat 1995 sein Lager in einer Werkshalle der Henrichshütte aufgeschlagen. Seitdem lebt und arbeitet er hier allein und weitgehend unentdeckt, an seinem international viel beachteten Werk.

Lepper selbst beschreibt die Kulisse als als eine „sehr interessante Mischung aus Industrieraum, Arbeitshalle und Wohnwelt". Von der Halle gehe eine wahnsinnige Energie aus, die die Größe seiner Arbeiten bestimme. Kontraste und Kontroversen ziehen ihn an, machen ihn beweglich wie seine Skulpturen", heißt es über Gereon Lepper. So hat er 2006 an der Werksstraße, mitten im Kreisverkehr, gleich eine weitere Landmarke im Henrichspark erreichtet: ein großes rotes Segel, das an einem acht Meter hohen Mast gegen den Wind arbeitet. Mit Unterstützung der Stiftung für Kunst, Kultur und Denkmalpflege der Sparkasse Hattingen verdreht „Die Kenntnis der einzuschlagenden Richtung" den Hattingern nun regelmäßig den Kopf.

Kunst im öffentlichen Raum spielt in der Stadt Hattingen eine immer größere Rolle. Dabei legt die Stadt Wert auf Professionalität und hält sich an renommierte Künstler aus dem europäischen Raum. Das „Stadttor-Projekt" in der Altstadt und der „Skulpturenpark" im Gethmannschen Garten in Blankenstein sind neue ehrgeizige Pläne, deren Realisierung zu weiteren Alleinstellungsmerkmalen gegenüber Mitbewerber-Städten führen kann. Kunst und Kultur in Hattingen sind ein wichtiger Beitrag der Stadt zur Kulturhauptstadt Ruhr 2010.

Hattingen in NRW

Mit der Altstadt ist Hattingen in der „Arbeitsgemeinschaft der historischen Stadtkerne", mit dem Ortsteil Blankenstein in jener der „historischen Ortskerne" vertreten. Beide Arbeitsgemeinschaften wurden Ende der 1980er Jahre vom Land NRW gegründet und knüpfen an die Mitgliedschaft strenge Auflagen. Alle teilnehmenden Städte verpflichten sich, ihr kulturelles Erbe zu bewahren und behutsam zu entwickeln.

Nordrhein-Westfalen ist mehr als Kohle und Stahl, mehr als Rhein und Ruhr. Natürlich ist der Strukturwandel nicht nur im Ruhrgebiet in vollem Gange, doch hier wird er am ehesten sicht- und erfahrbar. Die Internationale Bauausstellung IBA-Emscherpark hat ihre Spuren hinterlassen. Überall im Revier sind wichtige Ankerpunkte und Landmarken entstanden, meistens in Verbindung mit Denkmälern.

Eine Anerkennung für den gelungenen und gelingenden Strukturwandel und für erfolgreiche Denkmalpflege ist das Prädikat „Weltkulturerbe" für die Zeche und Kokerei Zollverein in Essen. Eine weitere Bestätigung für den vorbildlichen Wandel ist die Wahl des Ruhrgebietes zur Kulturhauptstadt 2010.

HATTINGEN **RUHR**.2010
Kulturhauptstadt Europas

Bad Salzuflen

Die Bandbreite der 56 Mitgliedsstädte reicht von dörflich geprägten Gemeinden bis hin zur Landeshauptstadt Düsseldorf, die mit dem historischen Stadtkern Kaiserswerth vertreten ist. Mindestens ebenso bunt ist die Vielfalt der Baudenkmäler: Kirchen, Burgen, Fachwerkhäuser, der Wasserturm in Solingen-Gräfrath, die Windmühle in Kalkar und so fort.

Wie bereits erwähnt, sind die 56 Mitgliedsstädte in zwei Arbeitsgemeinschaften organisiert. Die Arbeitsgemeinschaft der historischen Stadtkerne ist gegenüber jener der Ortskerne mit derzeit 37 teilnehmenden Städten die größere und teilt sich in fünf Regionalgruppen auf. Diese Gruppen stimmen regionale Projekte ab und tauschen Erfahrungen aus.

Auch abseits der Industriekultur gibt es im Land NRW zahlreiche städtebauliche Kleinode. Meist eingebettet in schöne Erholungslandschaften findet man hier 56 Städte und Gemeinden mit historischen Stadt- oder Ortskernen.

Das Klischee kennt nur Kohle, Stahl und Großstädte mit ausgedehnten Industriegebieten. Die historischen Stadt- und Ortskerne aber repräsentieren eine ganz andere Seite von NRW und stehen für eine reiche Kulturlandschaft mit wertvollen historischen Bauten und Städte mit mittelalterlichem Flair. Unter der Schirmherrschaft des Landes Nordrhein Westfalen sind diese Städte angetreten, ihre städtebaulichen Kleinode zu erhalten und behutsam zu entwickeln.

Minden

Regionalgruppe Rheinland /Ruhr-gebiet: Düsseldorf-Kaiserswerth, Hattingen, Kalkar, Kempen, Krefeld-Linn, Velbert-Langenberg

Regionalgruppe Bergisches Land / Eifel: Bad Münstereifel, Hückeswagen, Monschau, Remscheid-Lennep, Stolberg

Regionalgruppe Südliches Westfalen: Arnsberg, Bad Berleburg, Bad Laasphe, Freudenberg, Lippstadt, Schmallenberg, Siegen, Soest, Werl

Regionalgruppe Münsterland: Rheda-Wiedenbrück, Rietberg, Steinfurt-Burgsteinfurt, Tecklenburg, Warendorf ,Werne

Regionalgruppe Ostwestfalen-Lippe: Bad Salzuflen, Blomberg, Brakel, Detmold, Höxter, Horn-Bad Meinberg, Lemgo, Lügde, Minden, Schieder-Schwalenberg, Warburg

Die 19 historischen Ortskerne der entsprechenden Arbeitsgemeinschaft weisen naturgemäß eher kleinere, dörflich strukturierte Ortsmittelpunkte auf. Dazu zählen:

Aachen-Kornelimünster, Bad Berleburg-Elsoff, Bedburg-Kaster, Bergneustadt, Dahlem-Kronenburg, Hallenberg, Hattingen-Blankenstein, Hellenthal-Reifferscheid, Hennef-Blankenberg, Herten-Westerholt, Korschenbroich-Liedberg, Mechernich-Kommern, Meschede-Eversberg, Nideggen, Nieheim, Solingen-Gräfrath, Schleiden-Olef, Stolberg-Breinig, Wachtendonk.

Lippstadt

Der regionale Schwerpunkt dieser Arbeitsgemeinschaft liegt eindeutig auf dem Westen des Landes NRW, während die Mitgliedsstädte der Arbeitsgemeinschaft der historischen Stadtkerne schwerpunktmäßig in den östlichen Landesteilen angesiedelt sind. Die Abbildung zeigt, dass sich die Mitgliedsstädte beider Arbeitsgemeinschaften insgesamt recht gleichmäßig auf das ganze Land verteilen.

Waren es zunächst eher prinzipielle Überlegungen – wie etwa einen kontinuierlichen Erfahrungsaustausch zu gewährleisten –, die zur Gründung der Arbeitsgemeinschaften führte, so stehen heute ganz konkrete Aktionen im Vordergrund. Ein Klick auf die gemeinsame Webseite **www.hist-stadt.nrw.de** oder ein Blick in die vier Regionalbroschüren der historischen Stadt- und Ortskerne lohnt sich in jedem Fall.

Die Regionalgruppen der historischen Stadtkerne und die Arbeitsgemeinschaft der historischen Ortskerne präsentieren sich in vier Broschüren, die in jeder Mitgliedsstadt erhältlich sind. Darin soll nicht nur das gemeinsame Anliegen aller Mitgliedsstädte dokumentiert werden, man verspricht sich auch Synergieeffekte für den Tourismus. Gerade der Tagestourismus spielt eine immer größere Rolle, denn das Wochenende oder der Kurzurlaub eignen sich ja durchaus zum Besuch mehrerer benachbarter Städte. Auch der Reiseführer „Schones NRW", erschienen im Klartext-Verlag, Essen, stellt alle Mitgliedsstädte unter anderem mit tollen Fotos und einem Stadtrundgang vor.

Denkmalschutz als weicher Standortfaktor in den historischen Stadt- und Ortskernen

Das wachsende Engagement der Mitgliedsstädte auf dem Gebiet des Tourismus zahlt sich aus: Auch die historischen Städte und Ortskerne außerhalb typischer Ausflugsgebiete freuen sich über steigende Besucher- und Übernachtungszahlen.

Natürlich spielen die Attraktivität und die Vermarktung der historischen Stadt- und Ortskerne auch bei der Schaffung und Erhaltung von Arbeitsplätzen eine nicht unwesentliche Rolle. Einerseits siedeln sich neue Firmen gerne in Regionen mit einem begehrten Wohnumfeld an, andererseits profitiert gerade das mittelständische Handwerk ganz unmittelbar von Aufträgen aus dem Bereich der Denkmalpflege. Die Arbeitsgemeinschaften Historische Stadt- und der Ortskerne leisten auch dazu einen wichtigen Beitrag.

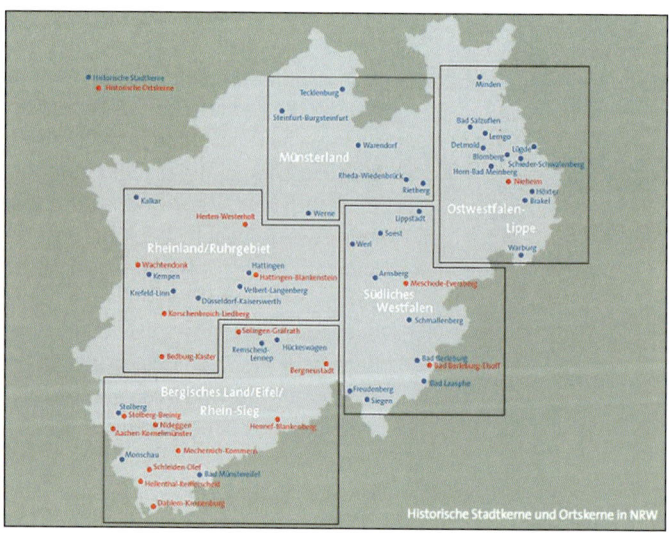

Historische Stadtkerne und Ortskerne in NRW

Service

Restaurants

Altstadt-Treppchen
Steinhagen 4, 45525 Hattingen
02324-52823

Bänksken
Gelinde 5, 45525 Hattingen
02324-201950

Basilea
Untermarkt 10, 45525 Hattingen
02324-51321

Behmenburg
Felderbachstr. 112, 45529 Hattingen
0202-522429

Bergerhof
Berger Weg 8, 45527 Hattingen
02324-72478
www.bergerhof.de

Café Restaurant 1902
Schleusenstr. 8, 45525 Hattingen
02324-439101

Haus Brokemper
Am Wasserturm 100,
45527 Hattingen
02324-971660
www.gasthof-brokemper.de

Burg Blankenstein
Burgstr. 16, 45527 Hattingen
02324-33231

Das Pfannekuchen-Haus
Johannisstr. 8, 45525 Hattingen
02324-28150

Diergardts „Kühler Grund„
Am Büchsenschütz 15
45527 Hattingen
02324-9603-0

Einhorn
Horst 3, 45525 Hattingen
02324-51171

Haus Bärwinkel
Höhenweg 38, 45529 Hattingen
02052-2156
www.hausbaerwinkel.de

Haus Hügelland
Oberstüterstr. 6, 45527 Hattingen
02324-78988

Haus Kemnade
An der Kemnade 10
45527 Hattingen
02324-93310

Haus Morgenröte
Holthauser Straße 1
45527 Hattingen
02324-932325

Haus Niggemann
Wodantal 41, 45529 Hattingen
02324-56650
www.haus-niggemann.de

Haus Raffenberg
Raffenberg 42, 45529 Hattingen
02324-92510
www.haus-raffenberg.de

Krans im Katzenstein
Im Katzenstein 12, 45527 Hattingen
02324-31209

Landgasthaus Huxel
Felderbachstr. 9, 45529 Hattingen
02052-6415

Landhaus Grum
Ruhrdeich 6-8, 45525 Hattingen
02324-21808

Landhaus Siebe
Am Stuten 27-29, 45529 Hattingen
02324-59800

Landhaus Wegermann
Wodantal 62, 45529 Hattingen
02324-395010

Odeon
Johannisstr. 1, 45525 Hattingen
02324-28416

Op dä Höh
Schanzerweg 8, 45529 Hattingen
02052-4544
www.opdaehoeh.de

Osteck
Oststr. 16, 45525 Hattingen
02324-27739

Poseidon
Brandtstr. 10, 45525 Hattingen
02324-22326

Refugium
Kirchplatz 31, 45525 Hattingen
02324-24149

Die Neue Schulenburg Hattingen
Schützenplatz 1, 45525 Hattingen
02324-91983-0

Ristoranto Salento da Giovanni
Heckenweg 8, 45527 Hattingen
02324-3912910

Takis
Obermarkt 9, 45525 Hattingen
02324-26406

Waldhof
Elfringhauser Straße 155, 45529
Hattingen
02324-27958

Zum Hackstück
Hackstückstr. 123, 45527 Hattingen
02324-90660

Zum Wünnerhof
Felderbachstr. 34, 45529 Hattingen
02052-4421

Zur Blume
Felderbachstr. 35, 45529 Hattingen
02052-2712
www.zurblume.de

Service

Zur Glocke
Johannisstr. 4, 45525 Hattingen
02324-21522

Zur alten Krone
Steinhagen 8, 45525 Hattingen
02324-21824

Kneipen / Cafés

Annelie`s Café
Augustastraße 9, 45525 Hattingen

Auflauf
Keilstr. 7, 45525 Hattingen
02324-201834

Café Adele
Steinhagen 1, 45525 Hattingen
02324-25479

Café am Alten Rathaus
Haldenplatz 9, 45525 Hattingen
02324-52288

Café Mexx
Obermarkt 1, 45525 Hattingen
02324-392526

Destille
Kirchplatz 2, 45525 Hattingen
02324-202743

Emsche 21
Emschestr. 21, 45525 Hattingen
02324-52100

Grammophon
Untermarkt 5, 45525 Hattingen
02324-25912

Vollmond
Kirchplatz 20, 45525 Hattingen
02324-593104

Woodpecker's Roadhouse
Bahnhofstr. 79, 45525 Hattingen
02324-999956

Hofvermarktung in Elfringhausen

Bemberger Biodung
Dirk Börter, Bemberger Hof
Auf dem Bemberg 9
45525 Hattingen, 02052-1240

Bergerhof
„Hofprodukte, Landschlachterei,
Imbiss"
Bergerweg 8, 45527 Hattingen
02324-72478
www.bergerhof.de

Forellenzucht am Huxel
Felderbachstr. 13, 45529 Hattingen
02052-3333

Gemüsescheune Elfringhausen
Elfringhauser Str. 136
45529 Hattingen
02324-52318
www.gemuesescheune.de

Hof in der Liethe
In der Liethe 29, 45527 Hattingen
02324-22499

Köller´s Hof
Bergerweg 4, 45527 Hattingen
02324-72609
www.hattingen-elfringhausen.de/
hofmarkt

Korfmann, Heinrich
Kaminholz ab Hof aus dem eigenen
Bauernwald
Raffenberg 51, 45529 Hattingen
02324-28607

Marienhof
Felderbachstr. 60, 45529 Hattingen
02052-3774

Nüfer´s Weihnachtsbäume
In der Porbecke 10, 45529 Hattingen
02324-28904
www.nuefers-weihnachtsbaeume.de

Porbecker Hof
In der Porbecke 15, 45529 Hattingen
02324-22455
www.porbecker-hof.de

Wünnenberg, Willi
Felderbachstr. 77, 45529 Hattingen
02052-3347

Hotels

„An der Kost" Ruhrhotel
An der Kost 18
45527 Hattingen
02324-391180
www.hotelanderkost.de

Akzent Hotel Landhaus Siebe
Am Stuten 29, 45529 Hattingen
02324-59800
www.landhaus-siebe.de

An der Krüpe
Dorfstr. 27, 45527 Hattingen
02324-93350
www.hotel-kruepe.de

Apparthotel Erlbruch
Dorfstr. 31, 45527 Hattingen
02324-93350
www.apparthotel-erlbruch.de

Avantgarde Hotel
Welperstr. 49, 45525 Hattingen
02324-50970
www.avantgarde-hotel.de

Haus Niggemann
Wodantal 41, 45529 Hattingen
02324-56650
www.haus-niggemann.de

Haus Wallbaum
Am Wallbaum 16a, 45525 Hattingen
02324-950370

Hotel Gasthaus Hüttenau
Marxstr. 70, 45527 Hattingen
02324-78384

Landhaus Wegermann
Wodantal 62, 45529 Hattingen
02324-395010
www.landhaus-wegermann.de

Die Neue Schulenburg Hattingen
Schützenplatz 1, 45525 Hattingen
02324-21033
www.neue-schulenburg.de

Westfälischer Hof
Bahnhofstr. 7, 45525 Hattingen
02324-23560
www.hotel-westfaelischer-
hof-hattingen.de

Zur alten Krone
Steinhagen 8, 45525 Hattingen
02324-21824
www.zuraltenkrone.de

Zum Hackstück
Hackstückstr. 123, 45527 Hattingen
02324-90660
www.hackstück.de

Privatvermieter
Auskunft erteilt
Stadtmarketing Hattingen e.V.
02324-951395
oder www.hattingen.de

Bildungsstätten

Bildungsstätte Neues Alter
Rathenaustr. 59a, 45527 Hattingen
02324-946418
www.neues-alter.de

DGB-Bildungswerk e.V.
Am Homberg 44, 45529 Hattingen
02324-5950
www.hattingen.dgb-bildungswerk.de

Jugendbildungsstätte Welper e.V.
Rathenaustr. 59a, 45527 Hattingen
02324-94640
www.jubi-welper.de

vhs Hattingen
Bredenscheider Straße 19
45525 Hattingen
02324-204-3511 bis 15
vhs@hattingen.de
Kulturbüro
02324-204-3531 bis 33
Kulturbuero@hattingen.de

Kunstwaldprojekt der VHS

Veranstaltungen

Februar

Holthauser Rosenmontagszug

Mai

Maikirmes Rathausplatz

Hattinger Frühling

Hüttenzauber
Westfälisches Industriemuseum

Juni

Pfingstkirmes in Blankenstein

Kulinarischer Altstadtmarkt
Kirchplatz

Hattinger Öko-Markt

Extraschicht: Die lange Nacht der
Industriekultur
Westfälisches Industriemuseum

August

Hattinger Altstadtfest

September

Herbstkirmes Rathausplatz

Hüttenlauf
Henrichs Gewerbepark e.V.

Hattinger Volkswandertag

Oktober

Panhasfest mit Herbstmarkt

November / Dezember

Nostalgischer Weihnachtsmarkt
in der historischen Altstadt

Von A bis Z

Auskünfte

Stadtmarketing Hattingen e.V.
Haldenplatz 3
45525 Hattingen
T 02324-951395
F 02324-951394
www.stadtmarketing-hattingen.de

Presse- und Informationsbüro
Roonstraße 11, 45525 Hattingen
T 02324-204-3021
F 02324-204-3049
presse@hattingen.de

Buchhandlungen

Buchhandlung Balthasar
Untermarkt 1, 45525 Hattingen
02324-392382
www.buchhandlung-balthasar.de

Buchhandlung Napp
St.-Georg-Str. 10, 45525 Hattingen
02324-51864

Christliche Bücherstube
Kleine Weilstr. 1, 45525 Hattingen
02324-683236

Mayersche Buchhandlung
Obermarkt 13 A
45525 Hattingen
02324-919868-0

Wicentowicz
Heggerstr. 42, 45525 Hattingen
02324-22453

Campingplätze

„An der Kost" Camping
An der Kost 18, 45527 Hattingen
02324-60915
www.hattingencamping.de

Campingplatz Freizeitdomizil
Ruhrtal, Tippelstraße 4,
45229 Hattingen
02324-4488
www.fd-ruhr.de

Campingplatz Stolle
Ruhrstraße 6, 45529 Hattingen
02324-80038
www.camping-hattingen.de

Stellplätze für Reisemobile

hinter dem Amtshaus
Bahnhofstraße 48

am Reschop
Parkplatz Martin-Luther-Straße
Ecke August-Bebel-Straße

Wandererparkplatz Isenbergstraße
Unterhalb der Isenburg
Isenbergstraße Ecke Tippelstraße

Akzent Hotel Landhaus Siebe
Am Stuten 29, 45529 Hattingen

Hotel-Restaurant „Zum Hackstück"
Hackstückstraße 123
45527 Hattingen

Wassersporttreibende Vereine
Ruhrdeich 18, 45525 Hattingen
Stellplatz in unmittelbarer Nähe
der Ruhr

Sportpark Ruhrtal
Ruhrallee 15-17, 45525 Hattingen

Bergerhof Familie Reuter
Bergerweg 8, 45527 Hattingen

Auskünfte:
Verein Mobile Ruhrtaler e.V.
Denkmalstraße 10a
45529 Hattingen
02324-904888
www.mobile-ruhrtaler.de

Freiwilligenagentur

August-Bebel-Straße 20
45525 Hattingen
02324-393991

Fundbüro

Amtshaus Bahnhofstraße
Bahnhofstraße 48
45525 Hattingen
02324-204-4060

Kartenvorverkauf

Kulturbüro
Bredenscheider Str. 19
45525 Hattingen
Kulturtelefon 02324-204-3535
www.hattingen.de/kulturbuero

Ruhrpress Reisebüro
St.-Georg-Str. 7, 45525 Hattingen
02324-59890
www.ruhrpress-reisebuero.de

WAZ - Westdeutsche Allgemeine
Zeitung, Große Weilstraße 19
45525 Hattingen
02324-50020
redaktion.hattingen@waz.de

Kino

Central–Kino
Bahnhofstr. 7, 45525 Hattingen
02324-26273

Krankenhäuser

Evangelisches Krankenhaus
Akademisches Lehrkrankenhaus der
Ruhr-Universität Bochum
Bredenscheider Straße 54,
45525 Hattingen
02324-5020

Klinik Blankenstein
(mit Naturheilkunde-Abteilung)
Im Vogelsang 5, 45527 Hattingen
02324-3960

St. Elisabeth-Krankenhaus
Niederwenigern, Essener Straße 31
45529 Hattingen, 02324-460

Klinik Holthausen, Neurochirur-
gische Rehabilitationsklinik
Am Hagen 20, 45527 Hattingen
02324-9660

Ambulante Gesundheitseinrichtungen

Augusta Medical Clinic, August-
Bebel-Straße 8, 45525 Hattingen
02324-56270

Altstadtklinik Hattingen, Große
Weilstraße 41, 45525 Hattingen
02324-683340

Orthomobile, Hattinger Ambulante
Rehaklinik GmbH
August-Bebel-Straße 8
45525 Hattingen, 02324-683330

Kranken- / Behindertentransporte

Städtischer Krankentransport, Friedrichstraße 6-8, 45525 Hattingen
02324-59090

Behindertenfahrdienst Deutsches
Rotes Kreuz, Talstraße 22
45525 Hattingen, 02324-201111

Museen

Stadtmuseum Hattingen
Marktplatz 1-3, 45527 Hattingen
02324-681610
www.stadtmuseum.hattingen.de

Westfälisches Industriemuseum
Henrichshütte Hattingen
Werksstraße 25, 45527 Hattingen
02324-92470
www.henrichshuette.de

Feuerwehrmuseum FEUERWEHRK
Werksstraße 25, c/o Westfälisches
Industriemuseum
45527 Hattingen
0234-2984685
www.feuerimrevier.de

Bügeleisenhaus / Heimatkundliches
Museum
Haldenplatz 1, 45525 Hattingen
02324-201110
www.heimatverein-hattingen.de

Ruine Burg Isenberg / Haus
Custodis
Am Isenberg 2, 45529 Hattingen
02324-204-5361
www.burg-isenberg.de

Bandwebereimuseum Elfringhausen
Felderbachstraße 59
45529 Hattingen, 02052-961543
www.hattingen-elfringhausen.de

Nikolaus-Groß-Museum
Domplatz 2a
45529 Hattingen-Niederwenigern
02324-40120

Wasserburg Haus Kemnade
Bauernhausmuseum
An der Kemnade 10
45527 Hattingen 0234-5160018
www.bochum.de/museum

Museumszug Ruhrtal-Bahn
Postfach 0211, 58002 Hagen
Info Telefon 01801-5557771132
www.ruhrtalbahn.de

Parkplätze (Innenstadt)

Altstadt-Parkhaus, Augustastraße
Reschop-Carrée (Im Bau)
Langenberger Straße

Park and Ride
S-Bahn Hattingen-Mitte

Parkplatz Am Reschop
August-Bebel-Straße

Parkplatz Roonstraße

Parkplatz Rathausplatz

Parkplätze für Reisebusse

Alter ZOB, August-Bebel-Straße

Radwege

Kaiser Route
Auf den Spuren Karls des Großen
von Aachen nach Paderborn, in
Hattingen berührt sie am Industriemuseum und in Blankenstein

Ruhrtalradweg
Leinpfad an der Ruhr von der Quelle
zur Mündung, 220 km
Route der Industriekultur
per Rad, RevierRad-Zentrale:
Hbf Mülheim an der Ruhr
0208-8485720
www.revierrad.de

Ehemalige Bahntrasse
Hattingen-Sprockhövel
Einstieg an der B 51 Sünsbruch-
kurve Richtung Bredenscheid

Schwimmbäder

Freibad Welper
Marxstraße, 45527 Hattingen
02324-6521

Hallenbad Schulzentrum
Holthausen
Lindstockstr. 2, 45527 Hattingen
02324-500126

Sportanlagen

Siehe auch Broschüre „Sport in Hattingen" als download im Internet www.hattingen.de Rubrik Bürgerservice

Boule-Anlagen
Sportzentrum Talstraße
Verleih von Kugeln
Kick 02324-501882

Museumsgarten in Blankenstein
Verleih von Kugeln im Café am
Stadtmuseum 02324-681170

Minigolf-Anlage Ruhrtal
Ruhrdeich 24
02324-506584

Minigolf Niggemann
Felderbachstraße 13, 02052-3333

Minigolf-Sportanlage
„Zur Winzermark"
Tippelstraße 65, 02324-4984

Kartbahn
MS Kartcenter Hattingen
Werksstr. 3-5, 45527 Hattingen
02324-55508

Skateranlage im Henrichs-
Gewerbepark
Hinter der Minigolfanlage

Skilift – 200 m langer Ski- und
Rodelhang
Landhaus Siebe
Am Stuten 29, 45529 Hattingen
02324-59800

Sportpark Ruhrtal
Tennis, Badminton
Ruhrallee 15, 45525 Hattingen
02324-56200
www.sportpark-ruhrtal-gmbh.de

Reitsport

Reit-Club Hattingen Ruhr
Am Homberg 32
02324-52890

Zucht-, Reit- und Fahrverein
Hattingen und Umgegend
Balkhauser Weg 36,
42555 Velbert-Nierenhof
02052-6556

Zucht-, Reit- und Fahrverein
Dumberg und Umgebung
In den Höfen
02324-42003

Reit- und Fahrverein Bredenscheid
Bredenscheider Straße 145
02324-23670

Reitsportvereinigung
Hattingen-Homberg
Am Homberg 60
02324-21575

Birkenhof Flehinghaus
Höhenweg 17
02052-6811

Reitsportverein Stüter
Paasstraße 96
02302-30345

Wassersport

Bootsverleih / Kanus
Anleger Birschels Mühle
Heinz Zölzer GmbH, Essen
0201-4878157
www.zoelzer.de

Hattinger Ruderverein
Ruhrdeich 4, 02324-202710

Ruderverein Blankenstein
Zu den Sieben Hämmern 12
02324-33239

Bochumer Kanu-Club
An der Kost 13, 02324-61247

DLRG Hattingen
Ruhrdeich 16, 02324-23411
Angelsportverein Henrichshütte
Ruhrdeich 18, 02324-202709

SG Welper
Ruhrdeich 20
02324-202287

Stadtbücherei

Bredenscheider Str. 8 /10;
45525 Hattingen
02324-204-2328
 www.buecherei.hattingen.de

Stadtführungen

Altstadtführungen
offene Führungen:
Do 18 Uhr, Sa 15 Uhr
Treffpunkt: Altes Rathaus
am Untermarkt

Individuelle Führungen
Stadtmarketing Hattingen e.V.
Haldenplatz 3
45525 Hattingen
02324-951395
www.stadtmarketing-hattingen.de
info@stadtmarketing-hattingen.de

Toiletten (öffentlich)

Aktion „Nette Toilette"
Gaststätten bieten öffentliche
Toiletten ohne Verzehrzwang
Annelie`s Café, Café Am Turm
Café Mexx, Café Sprungbrett
Einhorn, Vollmond

Rathaus,
S-Bahnhof Hattingen-Mitte
Altstadtparkhaus,
Reschop-Carrée (Im Bau)

Verleih

Autoverleih
Dream Cars Autovermietung
Bruchstr. 58, 45525 Hattingen
02324-597433

Europcar Autovermietung
Bruchstr. 37, 45525 Hattingen
02324-24817

Sixt GmbH u. Co. Autovermietung KG
Ruhrallee 9a, 45525 Hattingen
02324-594308

Fahrradverleih
Fahrradboutique Wurm
Kreisstr. 16, 45525 Hattingen
02324-55572
www.fahrrad-wurm.de

Quad-Center Hattingen
Werksstraße 18, 02324-685500

Wandern

Trotz seiner Randlage zu den
Ballungszentren der Region, bietet
das zur Stadt Hattingen gehörende
Umland landschaftlich reizvolle
Wanderwege. Vom Tal der Ruhr
nach Süden ansteigend, ist das Hattinger Hügelland bis an die Grenzen
zum Niederbergischen von gut
markierten Wanderwegen durchzo-
gen. Einheimische, wie auch Gäste
aus den umliegenden Großstädten
suchen und finden Erholung in der
abwechslungsreichen Landschaft
zwischen Wäldern, Wiesen und
Feldern.

Hauptwanderwege

Westfalen-Wanderweg

Der Westfalen-Wanderweg verbindet Hattingen mit Altenbeken bei
Paderborn. Der Weg beginnt am S-
Bahnhof Hattingen Mitte und führt
auf Hattinger Stadtgebiet parallel
zum Ruhrhöhenweg XR, bis er an
der Stadtgrenze zu Witten-Buchholz
den Hattinger Raum verlässt.

Ruhrhöhenweg

Der Ruhrhöhenweg beginnt an
der Ruhrquelle bei Winterberg im
Hochsauerland und endet an der
Mündung der Ruhr in den Rhein bei
Duisburg. Er ist 235 Kilometer lang
und hat auf Hattinger Stadtgebiet
folgende Streckenführung: Von
Buchholz kommend, über Holthau-
ser Straße, Salzweg, Ruhrhöhen-
weg, Sünsbruch, Friedrichstraße,
Schulenburg, Homberg, Isenburg,
Am Deutschen, Barenberg, Am
Kempel, Dumberger Au. Am Stade
verlässt der Ruhrhöhenweg das
Hattinger Stadtgebiet.

Graf Engelbert-Weg

Der Graf Engelbert-Weg, benannt
nach dem Grafen Engelbert I. von
der Mark, beginnt an der S-Bahn
Haltestelle Hattingen-Mitte und
endet in Schladem an der Sieg.
Er ist 115 Kilometer lang und führt
über folgende Hattinger Wegstre-
cke: Bundesstraße 51 in Richtung
Bochum - Leinpfad entlang der Ruhr
flussabwärts - Isenburg - Nierenhof
(Velbert) - Wodantal - Polzenberg -
Raffenberg - Oberste-Porbeck - Köl-
lershof - Fahrentrappe. Hier verlässt
der Weg das Hattinger Stadtgebiet.

Harkortweg

Der Harkortweg, der zu Ehren des
Industriepioniers Friedrich Harkort
seinen Namen trägt, beginnt in
Düsseldorf-Kaiserswerth und endet
in Werdohl. Er ist 135 Kilometer
lang und hat folgende Teilstrecke
auf Hattinger Stadtgebiet: Nieder-
huxelmann - Felderbachtal - Raffenberg - Voß zur Mühlen - Schulenburg - Sünsbruch - Ruhrhöhenweg
- Salzweg. Ab Buchholz verlässt er
Hattinger Stadtgebiet.

Hattinger Rundweg

Der Hattinger Rundweg führt an
den Grenzen des Hattinger Stadtgebietes entlang. Er hat eine Länge
von ca. 60 Kilometern, und beginnt
an der Burg Blankenstein.

Sauerländischer Gebirgsverein,
Hasenwinkel 4, 59821 Arnsberg
02931-5248-13, www.sgv.de,
Hattingen: Wilfried Bludau,
Feldmark 5, 45527 Hattingen,
02324-25021

Sehenswertes in der Region

Bochum

Deutsches Bergbau-Museum_das Größte Bergbaumuseum der Welt
Am Bergbaumuseum 28,
44791 Bochum
www.bergbaumuseum.de

Eisenbahnmuseum Bochum-Dahlhausen
Dr.-C.-Otto-Straße 191,
44879 Bochum
www.eisenbahnmuseum-bochum.de

Jahrhunderthalle Bochum_Kathedrale der Kultur
Gahlensche Straße 15,
44793 Bochum
www.jahrhunderthalle-bochum.de

Schauspielhaus Bochum
Königsallee 15, 44789 Bochum
www.schauspielhausbochum.de

Starlight Express_Musical
Stadionring 24, 44791 Bochum
www.starlight-express.de

Zeche Hannover_Westfälisches Industriemuseum
Günnigfelder Straße 251,
44793 Bochum
www.lwl.org/LWL/Kultur/S/hannover

Bottrop

Alpincenter Bottrop
Prosperstr. 299-301, 46238 Bottrop
www.alpincenter.com

Tetraeder_Haldenereignis Emscherblick
Beckstraße, 46238 Bottrop-Batenbrock
www.ruhr-guide.de

Dortmund

Kokerei Hansa_von Koks zu Kultur
Stiftung Industriedenkmalpflege und Geschichtskultur
des Landes NRW
Emscherallee 11, 44369 Dortmund
www.industriedenkmal-stiftung.de

Zeche Zollern_Zeche mit Stil: Jugendstil
Grubenweg 5, 44388 Dortmund-Bövinghausen
www.lwl.org

Düsseldorf

Meilenwerk_Forum für Fahrkultur
Harffstraße 110 a, 40591 Düsseldorf
www.meilenwerk.de

Duisburg

Innenhafen Duisburg_zu neuen
Ufern
Philosophenweg 19, 47051 Duisburg
www.innenhafen-duisburg.de

Landschaftspark Duisburg-Nord
Emscherstraße 71, 47137 Duisburg
www.landschaftspark.de

**Museum der Deutschen
Binnenschifffahrt**
Apostelstr. 84,
47119 Duisburg-Ruhrort
www.binnenschifffahrts-museum.de

Schwanentor - Duisburg

Ruhr Museum_Geschichte des
Reviers
Zeche Zollverein, A12
Ehemalige Kohlenwäsche
Gelsenkirchener Straße 181
45309 Essen

Schurenbachhalde_Bramme von
Richard Serra
Emscherstraße, 45329 Essen

Villa Hügel _Mythos Krupp
Hügel 1, 45133 Essen
www.villahuegel.de

Zeche Zollverein Schacht XII_Welt-
kulturerbe
red dot design museum: Halle 7
Gelsenkirchener Straße 181,
45309 Essen
www.zollverein.de

Küppersmühle - Duisburg

Essen

Aalto-Theater
Rolandstraße 10, 45125 Essen
www.aalto-theater.de

Abteiliche Residenz Werden
Klemensborn 39, 45239 Essen
www.cliolink.de/denkmalliste/be-
zirk09/Werden

Colosseum Theater Essen
Altendorfer Straße 1, 45127 Essen
www.colosseumtheater.de

Villa Hügel - Essen

Zollern II - Dortmund

Gelsenkirchen

Flöz Dickebank_ Zechensiedlung
1870, Flöz Dickebank,
45886 Gelsenkirchen-Ückendorf

Halde Rheinelbe
Leithestraße, 45886 Gelsenkirchen-
Ückendorf

Nordsternpark_ Zeche wird
Landschaftspark
Am Bugapark, 45899 Gelsenkirchen
www.nordsternpark.de

Siedlung Schüngelberg
Schüngelbergstraße,
45894 Gelsenkirchen-Buer

Schloss Horst _Renaissance-Schloss
Turfstraße 21
45899 Gelsenkirchen

Hagen

Freilichtmuseum_ Hammerschlag
und Kaffeeduft
Mäckingerbach, 58091 Hagen
www.freilichtmuseum-hagen.de

Hohenhof_ Jugendstil: „Hagener
Impuls"
Stirnband 10, 58093 Hagen
www.keom.de/hohenhof

Hamm

Maximilianpark_der Welt
größter Elefant
Alter Grenzweg 2, 59071 Hamm
www.maximilianpark.de

Herne

Archäologisches Museum
Europaplatz 1, 44623 Herne
www.wdr.de/themen/kultur/ausstel-
lungen/museum_fuer_archäologie

Teutoburgia_ Gartenstadtsiedlung
1909-1923
Teutoburgiastraße,
44628 Herne-Bönig

Marl

Chemiepark_ Chemiebaukasten
der Superlative
Lipper Weg, 45764 Marl
www.rvr-online.de/freizeit/
sehenswürdigkeiten/m_chemiepark

Mülheim

Aquarius Wassermuseum
Burgstraße 70, 45476 Mülheim
an der Ruhr
www.aquarius-wassermuseum.de

Oberhausen

Gasometer
Am Grafenbusch 90,
46047 Oberhausen
www.gasometer.de

Rheinisches Industriemuseum
Hansastr. 18-20, 46049 Oberhausen
www.rim.lvr.de

Sea Life Oberhausen
Zum Aquarium 1, 46047 Oberhausen
www.sealifeeurope.com

Siedlung Eisenheim_älteste
Arbeitersiedlung des Ruhrgebiets
Eisenheimer Straße,
46117 Oberhausen

Gasometer Oberhausen

Recklinghausen

Umspannwerk_Museum
Strom und Leben
Uferstr. 2-4, 45663 Recklinghausen
www.umspannwerk-
recklinghausen.de

Unna

Lindenbrauerei_Bier: Treibstoff
der Industrie
Lindenplatz 1, 59423 Unna
www.lindenbrauerei.de

Waltrop

**Altes Schiffshebewerk
Henrichenburg**
Am Hebewerk 2, 45731 Waltrop
www.industriedenkmal.de/henrich/
page1

Witten

Zeche Nachtigall / Muttental_
Wiege des Ruhrbergbaus
Nachtigallstraße 35, 58452 Witten
www.lwl.org/LWL/Kultur/wim/S/
witten

Literatur

Amsoneit, Wolfgang:
Contemporary European Architects,
Köln 1991.

Arbeitsgemeinschaft Historische
Stadtkerne in NRW (Hrsg.):
Historische Stadtkerne in
Nordrhein-Westfalen,
Eine Dokumentation,
Herdecke / Lemgo 1992.

Arbeitsgemeinschaften Historische
Stadt- und Ortskerne in NRW
(Hrsg.): Regionalbroschüre
Rheinland + Ruhrgebiet,
Hattingen / Lippstadt 2001.

Architektur-Kolloquium Bochum
(Hrsg.): Josef Franke, 163 Entwürfe
für das 21. Jahrhundert, Essen 1999.

Arendt, Claus: Modernisierung
alter Häuser, München 2003.

Bajohr, Stefan (Hrsg.): Archiv aus
Stein, Jüdisches Leben und jüdische
Friedhöfe in NRW, Düsseldorf 2005.

Bedal, Konrad: Historische Hausfor-
schung, 2. Auflage, Bad Windsheim
1993. Braunschweig, Wiesbaden
1999.

Beierlorzer / Boll / Ganser (Hrsg.):
Siedlungskultur – Neue und alte
Gartenstädte im Ruhrgebiet. IBA
Emscherpark, Wiesbaden 1999.

Beisken, Erna und Angela:
Hattingen in alten Ansichten,
Zaltbommel, Niederlande 1987.

Benevolo, Leonardo:
Die Geschichte der Stadt,
8. Auflage, Frankfurt 2000.

Biecker, Johannes / Nendza, Helmut:
Baudenkmäler im Ruhrgebiet,
Essen 1991.

Biecker, Johannes / Buck, Volker:
Baustile im Ruhrgebiet, Essen 1997.

Bösch, Delia: Ruhrgebiet,
Entdeckungsreise Industriekultur,
Essen 2005.

Bourrée, Manfred / Richter,
Christian: Das Ruhrgebiet,
Architektur nach 1945, Essen 1996.

Breitenbach, Ellen und Karl-Heinz:
Vom Kirchweg zur Chaussee.
Die Entwicklung der Verkehrswege
in und um Blankenstein bis zum
Ende des 19. Jahrhunderts, In:
Zeitenspiegel, Hattingen 1996,
S. 105-132.

Bund Deutscher Architekten (BDA),
(Hrsg.): architekten almanach
Ruhrgebiet, Wuppertal 1999.

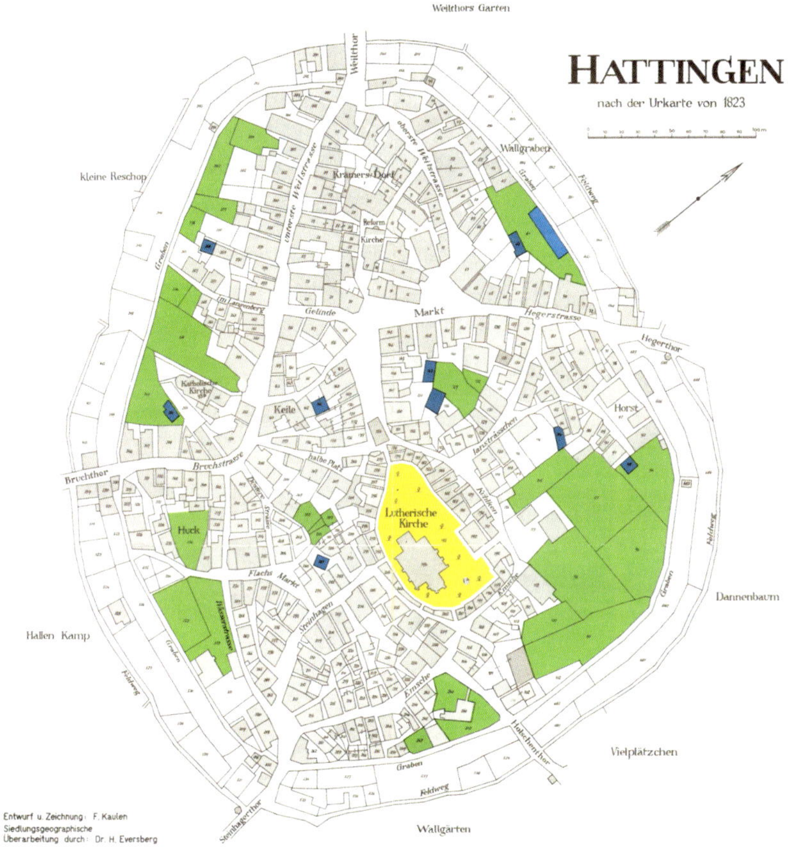

HATTINGEN
nach der Urkarte von 1823
Weilthors Garten
Weilthor
Kleine Reschop
Krämers Dorf
Reform. Kirche
unterste Weilstrasse
oberste Weilstrasse
Wallgraben
Graben
Feldweg
Gelinde
Markt
Hegerstrasse
Hegerthor
Im Langenberg
Katholische Kirche
Keile
Horst
Jacobstrasschen
halbe Platz
Brückstrasse
Bruchthor
Lutherische Kirche
Kirchplatz
Huck
Flachs Markt
Steinhagen
Emsche
Graben
Dannenbaum
Hallen Kamp
Vielplätzchen
Holschenthor
Steinhagerthor
Wallgärten
Entwurf u. Zeichnung: F. Kaulen
Siedlungsgeographische
Überarbeitung durch: Dr. H. Eversberg

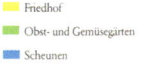

Friedhof

Obst- und Gemüsegärten

Scheunen

Größengliederung der Parzellen

Parzellennummer in qm	Zahl der Parzellen
1 - 100 qm	177
101 - 200 qm	124
201 - 300 qm	30
301 - 400 qm	16
401 - 500 qm	14
501 - 600 qm	8
601 - 700 qm	6
über 700 qm	14
	389

Parzellen in kirchlichem und städtischem Eigentum

Lutherische Pastorate 1 und 2, hervorgegangen aus dem Grundbesitz des Wedemhofes.
Parz. 96, 97 Wiese und Obstgarten, 98 Gemüsegarten, 99 Obstgarten, 100 Gemüsegarten, 101 Haus und Hof-Stelle, 103 Hofraum, 112 Armenhaus, 113 Wedemhaus und Hof, 114 Haus und Hof, 115 Gemüsegarten, 193 Kirchhof, 194 Kirchspielskirche.
Der kirchliche Grundbesitz durch Erbpachtbriefe ist nicht angegeben.

Reformierte Gemeinde
241 Pastorat, 240 Obstgarten, 242 Gemüsegarten, 387 Haus und Hof.

Katholische Gemeinde
355 Pastorat, 357 Katholische Kirche, 356 Katholische Gemeindeschule.

Gemeinde Stadt Hattingen
154 Rathaus, 300 Spritzenhaus auf dem Halbenplatz, 192 Gemeindeschule.
Der städtische Grundbesitz durch Erbpachtbriefe ist nicht angegeben.

Die größte Parzelle innerhalb der Stadt war der Kirchhof der Kirchspielskirche mit 2.836,70 qm, die beiden kleinsten waren die Parz. 212-213 als geteilte Hofräume mit je 4,952 qm an der Emsche und der Hofraum Parz. Nr. 217 mit 5,91 qm, ebenfalls zwischen Emsche und Steinhagen.
Die Parzellen 96, 97, 98, 99 und 100 bildeten als Garten, Obstfeld und Wiese des Wedemhofes hinter dem Pastorat die größte zusammenhängende Kulturfläche innerhalb der Stadt.

Einsele, Martin / Klein-Knott, Thomas / Peterek, Michael (Hrsg.): Stadt im Diskurs. Beiträge zur aktuellen Städtebaudiskussion. In: Karlsruher städtebauliche Schriften Band 5. Karlsruhe 1994.

Einsele, Martin / Günter, Roland / Peterek, Michael / Stevcik, Darko (Hrsg.): Anghiari - Stadt. Kultur. Landschaft. Sozialräumliche Analyse einer kleinen Stadt in der Toskana. In: Karlsruher städtebauliche Schriften Band 6. Karlsruhe 1995.

Einsele, Martin: Stadterneuerung, Beispiel Hattingen, Stuttgart 1971.

Einsele, Martin: Flächennutzungsplan Hattingen + Stadtentwicklungsplan und Landschaftsplan Planungsstufe 2. Erläuterungsbericht, Hattingen 1975.

Einsele, Martin: Planungsraum – Lebensraum, Universität Karlsruhe, Karlsruhe 1996.

Engel, Helmut: Geschichte und Moderne, In: Denkmalpflege in den Städten, Stadtbaukunst, Stadtökologie, Stadtentwicklung, Hrsg.: Helmut Lange, Neue Schriften des Deutschen Städtetages, Heft 83, Berlin, Köln, 2003.

Eversberg / Freisewinkel / Niermann / Schonefeld: Stadt und Land Hattingen. Ein geographisch-historischer Überblick. Hattinger heimatkundliche Schriften Bd.4, Hattingen 1955.

Eversberg, Heinz: Die Entstehung der Schwerindustrie um Hattingen 1847-1857. Ein Beitrag zur Grundlegung der schwerindustriellen Landschaft an der Ruhr. Westfälische Geographische Studien Bd.8, Münster 1955.

Eversberg, Heinz: Die Industrie des nördlichen Ennepe-Ruhr-Kreises, In: Ennepe-Ruhr-Kreis. Das Buch des Landkreises Ennepe-Ruhr, o.O. 1959, S.134-135.

Eversberg, Heinrich: Stadt und Land Hattingen. II. Beiträge zur Wirtschafts- und Sozialgeschichte. Hattinger heimatkundliche Schriften Bd.10, Hattingen 1962.

Eversberg, Heinrich: Siedlungsgeographische Entwicklung der Stadt Hattingen. Beispiel für eine gewachsene Stadt im südlichen Ruhrgebiet, Bochum 1965.

Eversberg / Freisewinkel / Michels: Geschichtsbewusstsein und Heimatgedanke in der Stadt Hattingen, In: Der Märker, 6/1966, S.103.

Eversberg, Heinrich: Das Heimathaus in Hattingen, In: Der Märker, 6/1966, S.108.

Eversberg / Huppmann: Textilstadt Hattingen. Ein Beitrag zur Geschichte der Textilgewerbe in der Stadt Hattingen. Hattinger heimatkundliche Schriften Bd.25, Hattingen 1978.

Eversberg, Heinrich: Die Neue Stadt Hattingen. Landschaft und Geschichte, Hattingen 1980.

Eversberg, Heinrich: Das mittelalterliche Hattingen, Kulturgeschichte und Siedlungsgeographie einer Stadt an der Ruhr, Hattinger heimatkundliche Schriften Bd.30, Hattingen 1985.

Eversberg, Heinrich: Durch das mittelalterliche Hattingen. Geschichte, Siedlung, Rundgänge, Sehenswürdigkeiten, mit einem Straßenplan der Altstadt. Hattinger heimatkundliche Schriften Bd.31, Hattingen 1987.

Eversberg, Heinrich: Graf Friedrich von Isenberg und die Isenburg 1193-1226. 20 Jahre Forschung, Ausgrabung, Restaurierung 1969-1989. Hattingen 1990.

Ev. St.-Georgs-Kirchengemeinde (Hrsg.): Die Ev. St.-Georgs-Kirche in Hattingen. Erläuterungen von Hans Frederking - Pfarrer an St.-Georg 1965-1993, Hattingen 1994.

Fischer, Ferdinand: Schönes NRW. Reiseführer zu den historischen Stadt- und Ortskernen in Nordrhein-Westfalen. Wir in Nordrhein-Westfalen - Unsere gesammelten Werke Bd.4, Essen 2006.

Fischer, Helmut: Hattingen in alten Bildern, Gummersbach 1980.

Flertmann, Christian: Experimentelle und numerische Untersuchungen zur Leistungsfähigkeit vertikaler Temperiersysteme. In: Schriftenreihe des Lehrstuhls für Baukonstruktionen, Ingenieurholzbau und Bauphysik der Ruhr-Universität-Bochum, Stuttgart 1999.

Freisewinkel, Paul: Der Amtsbezirk Hattingen-Land, In: Ennepe-Ruhr-Kreis. Das Buch des Landkreises Ennepe-Ruhr, o.O. 1959, S.164-165.

Freisewinkel, Paul (Hrsg.): Alte Namen und Bezeichnungen aus Hattingen Teil I. Alt-Hattingen mit Feldmark, Hattingen 1978.

Freisewinkel, Paul: Heimatkundliche Erzählungen aus dem Raume Hattingen, Hattingen 1961.

Ganser / Höber: IBA Emscherpark: Industriekultur, Mythos und Moderne im Ruhrgebiet, Essen 1999.

Ganser, Karl: baukultur – Auf dem Weg zur Stiftung, Deutsches Architektur Zentrum (DAZ), Berlin 1999.

Gartenstadt Hüttenau e.G. (Hrsg.):
Der Architekt Professor Georg
Metzendorf und die Genossenschaft
Gartenstadt Hüttenau e.G. in
Hattingen-Welper, Hattingen o.J..

Gartenstadt Hüttenau e.G. (Hrsg.):
Mehr als Wohnen. 1909-1984.
75 Jahre Gartenstadt Hüttenau eG,
Hattingen 1984.

Gebeßler / Eberl (Hrsg.): Schutz
und Pflege von Baudenkmälern in
der Bundesrepublik Deutschland,
Handbuch, Stuttgart 1980.

Gerner, Johannes: Schäden an
Fachwerkfassaden, Stuttgart 1998.

Gerner, Johannes: Fachwerksünden.
In: Schriftenreihe des Deutschen
Nationalkomitees für Denkmal-
schutz, Band 27, 2. Auflage,
Bonn 1989.

Grätz, R. / Lange, H. / Beu, H.(Hrsg.):
Denkmalschutz und Denkmalpflege,
10 Jahre Denkmalschutzgesetz NRW,
Köln 1991.

Großeschmidt, Henning: Klima in
Museen und historischen Gebäuden,
Wissenschaftliche Reihe Schön-
brunn, Band 9, Regensburg 2004.

Günter, Roland: Im Tal der Könige,
Ein Handbuch für Reisen zu Emscher, Rhein und Ruhr, Essen 2000.

Gympel, Jan: Schrittmacher des
Fortschritts - Opfer des Fortschritts.
Schriftenreihe des Deutschen Na-
tionalkomitees für Denkmalschutz,
Band 60, Bonn 1999.

Halder-Haß / Haspel / Lorenz
(Hrsg.): Das Denkmal als Immobilie,
Denkmalstudie, Berlin, 2002.

Haß, Nicola: Gewerblich genutzte
Denkmale, in: Der Städtetag
11 / 1996.

Hennies, Matthias: Bevor die Hochöfen kamen. Entdeckungsreisen zu
den frühen Industrien in Nordrhein
Westfalen, Essen 2000.

Hockamp, Karin: Von vielem Geist
und großer Herzensgüte.
Mathilde Franziska Anneke
(1817-1884), Wetter (Ruhr) 1999.

Hoffmann-Axthelm: Dieter: Kann
die Denkmalpflege entstaatlicht
werden? Gutachten für die Bundes-
tagsfraktion von Bündnis 90 / Die
Grünen, Berlin 2001.

Holz, Heinz H. / Schmied, Wieland:
Marcello Morandini, Mailand 1993.

Bodendenkmalpflege in Nordrhein-
Westfalen, Band 8,
Mainz 2005.

Horn, Heinz Günter: Auch Boden-
denkmäler sind zu schützen, zu
pflegen, zu erforschen und zu
vermitteln. 25 Jahre Denkmalschutzgesetz in Nordrhein-Westfalen.
In: Von Anfang an, Schriften zur
Bodendenkmalpflege in Nordrhein-
Westfalen, Band 8, Mainz 2005.

Huse, Norbert (Hrsg.): Denkmalpflege, Deutsche Texte aus drei
Jahrhunderten, München 1996.

Institut für Landes- und Stadtent-
wicklungsforschung und Bauwesen
des Landes NRW (ILS), (Hrsg.):
Ollenik, Amsoneit: Künftige Arbeits-
schwerpunkte der Denkmalpflege,
Aachen 2004.

Jägersberg, Gustav: Geschichte der
Stadt und des Kreises Hattingen
nebst Urkundenbuch. Mit Illustrati-
onen, Karten und Plänen, Köln 1896.

Jelich, Franz-Josef (Hrsg.): Weg-
weiser zu industrie- und sozialge-
schichtlichen Museen, Essen 2005.

Jordan, Rüdiger: Von Kapitellen,
Kanzeln und Taufsteinen. Ein spann-
nender Führer zu 67 Kirchen und
Klöstern im Ruhrtal. Essen 2006.

Kaspar, Fred: Eine überraschende
baugeschichtliche Entdeckung in
Hattingen, In: Denkmalpflege in
Westfalen-Lippe, 2 / 1995, S.47-55.

Kaspar, Fred / Terlau, Karoline:
Hattingen. Zum Baubestand einer
Kleinstadt vor 1700. Beiträge zur
Volkskultur in Nordwestdeutschland
Bd.24, Münster 1980.

Katholische Kirchengemeinde St.
Peter und Paul (Hrsg.): St. Peter
und Paul zu Hattingen 1870-1970.
Festschrift zum 100-jährigen
Jubiläum, Hattingen 1970.

Keller, Hans: Bericht über die
Verwaltung und den Stand der
Gemeinde – Angelegenheiten in
der Stadt Hattingen - Ruhr im Jahre
1929, Hattingen 1929.

Kiesow, Gottfried: Denkmalpflege in
Deutschland, Darmstadt 2000.

Kift, Roy: Tour The Ruhr, The English
Language Guide, Essen 2000.

Kleinschmidt, Christian: „... ein
unmögliches Ungeheuer ..." Groß-
gasmaschinen, Kraft und Energie
für die Henrichshütte. Westfälisches
Industriemuseum: Kleine Reihe Bd.
11, Dortmund 1993.

König, Otto / Laube, Robert /
Stratmann, Egon (Hrsg.): Das Ende
der Stahlzeit. Die Stillegung der
Henrichshütte Hattingen, Essen
1997.

Ollenik, Walter: Netzwerk der kulturellen Vielfalt. In: Städte- und Gemeinderat 3/2002, S. 6-7, Hrsg.: Städte- und Gemeindebund Nordrhein-Westfalen, Düsseldorf 2002.

Ollenik, Walter: Architektur, öffentliche Räume und Denkmalschutz als Wirtschaftsfaktor, in: Stadt und Gemeinde Interaktiv 3/2000, Hrsg.: Deutscher Städte- und Gemeindebund, Berlin 2000.

König / Lauenroth / Schulz: „Wenn es brennt an der Ruhr....!" Hattingen - eine Stadt kämpft!. Tagebuch des Widerstands gegen Arbeitsplatzvernichtung, Hattingen / Düsseldorf 1988.

Koch, Sander, Wachten (Hrsg.): Stadtraum B 1, Visionen für eine Metropole, Wuppertal 2002.

Kreibich / Schmid / Siebel / Sieverts / Zlonicky (Hrsg.): Bauplatz Zukunft, Dispute über die Entwicklung von Industrieregionen, Essen 1994.

Kuhn, Anja / Laube, Robert: Henrichs Hütte - Der Graf und sein Werk. Graf Henrich zu Stolberg-Wernigerode (1772-1854), Dortmund 2005.

Land der Ideen – FC Deutschland Berlin (Hrsg.): Land der Ideen. Der Reiseführer. Ostfildern 2006.

Landesinstitut für Bauwesen und angewandte Bauschadensforschung NRW (Hrsg.): Brandschutz in denkmalgeschützten Gebäuden, Bearbeitung Tomm, Rentmeister, Herrmann, Aachen 1994.

Landschaftsverband Rheinland (Hrsg.): Was ist ein Baudenkmal, In: Mitteilungen aus dem Rheinischen Amt für Denkmalpflege, Heft 5, Köln 1983.

Landschaftsverband Westfalen-Lippe, (Hrsg.): Denkmalpflege in Westfalen-Lippe 1985-1991, Münster 1995.

Lange, Helmut (Hrsg.): Empfehlung des Deutschen Städtetages zur Kommunalen Denkmalpflege. In: Denkmalpflege in den Städten, Neue Schriften des Deutschen Städtetages, Heft 83, S. 301-308, Berlin, Köln 2003.

Laube, Robert (Hrsg.): Die Henrichshütte Hattingen. Eine grüne Geschichte. In: Kleine Reihe Bd.10, Münster 1992.

Leenen, Stefan: Die Burg Isenberg in Hattingen, Ennepe-Ruhr-Kreis, Münster 2006.

Leimer, Hans-Peter (Hrsg.): Instandsetzung historischer Fachwerkgebäude, Stuttgart 1998.

Leipoldt, Dietmar: Hüllflächen-Temperierung, Wuppertal 2000.

Lenze, Wolfgang: Fachwerkhäuser restaurieren, sanieren, modernisieren, Stuttgart 2001.

Liebig, Dieter / Wüllner, Günther: Hattingen im Strukturwandel, Hattingen 1994.

Ludmann, Harald: Fußgängerbereiche in deutschen Städten. Beispiele und Hinweise für die Planung, Köln 1972.

Ludorff, A.: Die Bau- und Kunstdenkmäler des Kreises Hattingen, Münster 1909.

Metzendorf, Rainer: Georg Metzendorf 1874-1934, Siedlungen und Bauten. Darmstadt und Marburg 1994.

Michels, Hans: Das Rathaus von 1576. Hattinger Historien, Hattingen 1976.

Ministerium für Arbeit, Soziales und Stadtentwicklung, Kultur und Sport des Landes NRW (Hrsg.): Aufbruch statt Abbruch. Industriedenkmalpflege in Nordrhein-Westfalen, Düsseldorf 1999.

Ministerium für Stadtentwicklung und Verkehr NRW (Hrsg.): Historische Stadtkerne in Nordrhein-Westfalen, Düsseldorf 1991.

Monheim, Heiner / Zöpel, Christoph (Hrsg.): Raum für Zukunft, Zur Innovationsfähigkeit von Stadtentwicklungs- und Verkehrspolitik, Festschrift für Karl Ganser, Essen, 1997.

Niermann, Hugo: Die Vikarie St. Stephani zu Hattingen, In: Jahrbuch 1923/24, Hattingen 1924, S.202-218.

Niermann, Hugo: Hattingen im 30-jährigen Kriege, In: Volkskalender/ Unsere Heimat, o.O. 1926, S.36-38.

Nöllenheidt, Achim / Stegner, Birgit: Revier im Griff, Reiseführer Ruhrgebiet. Essen 2001. Norbisrath, Gudrun (Hrsg.): Kultur an der Ruhr. Essen 2005.

Ollenik, Walter: Eine Stadt im Strukturwandel – Hattingen, In: Baukultur Heft 3/89, S. 42-47, Hrsg.: Verband der Deutschen Architekten- und Ingenieur-Vereine (DAI), Bonn 1989.

Ollenik, Walter: Denkmalschutz als weicher Standortfaktor am Beispiel der Stadt Hattingen, Hattingen 1995.

Ollenik, Walter: Die wilden 60er – und was daraus wurde, Stadterneuerung in Hattingen. In: Zeitenspiegel, Hattingen 1996.

Ollenik, Walter / Uphues, Jürgen: Hattingen historisch – eine Stadt durch die Jahrhunderte, Hattingen 1999.

Ollenik, Walter / Uphues, Jürgen: Von Mühlen, Schleusen und Turbinen. Ein spannender Führer zu Denkmälern der Kultur- und Technikgeschichte im mittleren Ruhrtal, Essen 2004.

Ollenik, Walter / Heimeshoff, Jörg: Denkmalschutz und Denkmalpflege in der kommunalen Praxis. Grundlagen - Verfahren – Perspektiven. Berlin 2005.

Parent, Thomas: Das Ruhrgebiet, Köln 2002.

Regionalverband Ruhrgebiet (RVR) (Hrsg.): RadTour, Rundkurs im Ruhrgebiet, Essen 1992.

Regionalverband Ruhrgebiet (RVR) (Hrsg.): route industriekultur, Essen 2001.

Rheinisches Amt für Denkmalpflege (Hrsg.): Was ist ein Baudenkmal? Eine Beispielsammlung zur Begriffsbestimmung, Köln 1983.

Rheinischer Verein für Denkmalpflege und Landschaftsschutz (Hrsg.) Stadtraum und Werbung. Wem gehört die Stadt? Köln 1997.

Rommelspacher, Theodor, Unna: 1966-1973 in Stadtbauwelt 37 (Bauwelt 64, 1973, Nr. 12), S 37/38. Antwort vom Stadtbaurat Schickert in: Stadtbauwelt 38, (Bauwelt 64, 1973, Nr. 24), S. 166.

Roseneck, Reinhard / Semmler, Eberhard: Stadtgestalt und Außenwerbung, Düsseldorf 1991.

Rosinski, Roswitha: Der Umgang mit der Geschichte beim Wiederaufbau des Prinzipalmarktes in Münster/ Westf. nach dem 2. Weltkrieg, Bonn 1987.

Ruthmann, Wilfried: Hattingen in Bildern, Eine liebenswerte Stadt am Südrand des Ruhrgebietes Bochum 1986.

Ruthmann, Wilfried: Hattingen und seine Umgebung. Eine liebenswerte Stadt zum Wandern und Verweilen, Hattingen 1989.

Ruthmann, Wilfried / Hahn, Willi: Hattingen im Wandel der Zeit. Neugestaltung einer Stadt am südlichen Rand des Ruhrgebietes, Hattingen 1996.

Sack, Manfred: Götter und Schafe, Basel 2000.

Schanetzky, Tim: Endstation Größenwahn, Stadtsanierung in Essen-Steele, Essen 1998.

Schanetzky, Tim: Unter einem Dach, Engagement und Sozialkompetenz 100 Jahre Hattinger Wohnstättengenossenschaft, Essen 1999.

Schappei / Nieland: Die zentrale Bedeutung der Stadt Hattingen (Ruhr), In: Der Märker, 6/1966, S.96-102.

Schild, Susanne: Der Hattinger Stadtbaumeister Christoph Epping, Ruhruniversität Bochum – Fakultät für Geschichtswissenschaft – Magisterarbeit, Bochum 2000.

Schlüter, Hartmut: Ein Fest für Hattingen. Als die Henrichshütte begann, das Leben in Hattingen zu verändern (1854-1885), In: Zeitenspiegel, Hattingen 1996, S.75-86.

Schmidt, Gottfried: Die Henrichshütte bei Hattingen, In: Der Schacht, 10.09.1927, S.1058-1064.

Schneider, Walter: Die gemeinnützigen Wohnungsunternehmungen im Ennepe-Ruhr-Kreis, In: Ennepe-Ruhr-Kreis, o.O. 1959, S.113-116.

Schöller, Peter (Hrsg.): Kommunale Gebietsreform Ruhrtal-Hattingen. Gutachten über Voraussetzungen und Möglichkeiten einer kommunalen Neugliederung im nordwestlichen EN-Kreis, Bochum 1968.

Stadt Hattingen (Hrsg.): Denkmalschutz und Denkmalpflege in Hattingen. Zum Umgang mit Denkmälern, Hattingen 2002.

Stadt Hattingen (Hrsg.): Stellungnahme der Stadt Hattingen-Ruhr zur Zusammenlegung von Gemeinden im Amtsbezirk Blankenstein, Hattingen 1961.

Stadt Hattingen (Hrsg.): Die zentrale Bedeutung der Stadt Hattingen - Ruhr, Hattingen 1965.

Stadt Hattingen (Hrsg.): Hattinger Rathaus 1910-1985. Eine Dokumentation, Hattingen 1985.

Stadt Hattingen (Hrsg.): Willkommen in Hattingen - die 600 Jahre junge Stadt. Hattingen hat, was andere gerne hätten, Hattingen 1995.

Stadt Hattingen (Hrsg.): Hattingen 1996. 600 Jahre Stadtjubiläum, Hattingen 1996.

Stadt Hattingen (Hrsg.): Tag des offenen Denkmals - Hattingen 2000. Architektur des Arbeiterwohnens in Hattingen-Welper, Hattingen 2000.

Stadt Hattingen (Hrsg.): Hattingen kocht – mit Schmackes, Essen 2005.

Thomas, Horst (Hrsg.): Denkmalpflege für Architekten, Köln 1998.

Uphues, Jürgen: Burg Isenberg zu Hattingen mit Haus Custodis. Burgführer, Hattingen 1999.

Ulbert, Hans-Jürgen: Tourismus in historischen Stadt- und Ortskernen, Untersuchungen, Recherchen und Handlungsempfehlungen, In: ILS NRW Schriften 199, Aachen 2005.

Ullmann, Gerhard: Industriebrachen. Bizarre Phantasien des Verfalls. Stuttgart 1999.

Universität Stuttgart (Hrsg.): Industriebau. Ausstellungskatalog. Stuttgart 1994.

Verein Deutscher Ingenieure, VDI (Hrsg.): Technische Gebäudeausrüstung in der Denkmalpflege. VDI Berichte 718, Düsseldorf 1989.

Verkehrsverband Ennepe-Ruhr-Kreis Schwelm (Hrsg.): Der Ennepe-Ruhr-Kreis - ein Erholungsgebiet, Schwelm o.J..

Vollmer, Manfred / Berke, Wolfgang: Bilderbuch Ruhrgebiet, Essen 2005.

Weiß, August: Jahrbuch des Vereins für Heimatpflege im Kreise Hattingen, Hattingen 1922.

Weiß, August: Jahrbuch 1923/24, Hattingen 1924.

Weiß, Thomas: Hattingen - Chronik, Veröffentlichungen aus dem Stadtarchiv, Essen 1996.

Westfälisches Industriemuseum (Hrsg.): Schätze der Arbeit. 25 Jahre Westfälisches Industriemuseum. Essen 2004.

Wustlich, Reinhart: Industriearchitektur in Europa, Constructec-Preis 96, Darmstadt 1996.

Wustlich, Reinhart: Industriearchitektur in Europa, Constructec-Preis 98, Darmstadt 1998.

Zöpel, Christoph: Weltstadt Ruhr. Essen 2005.

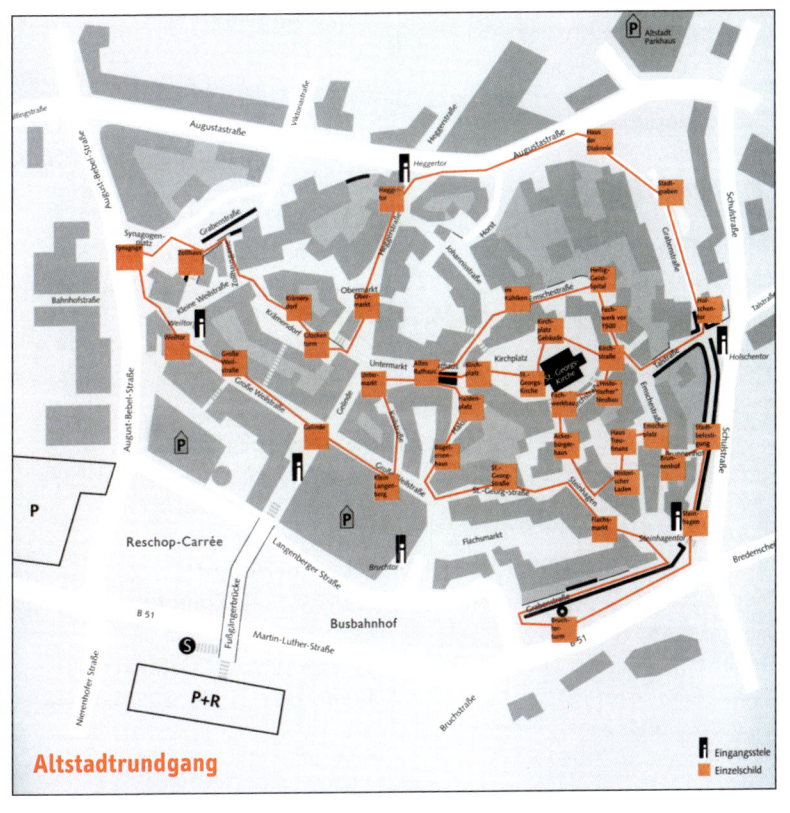

Altstadtrundgang

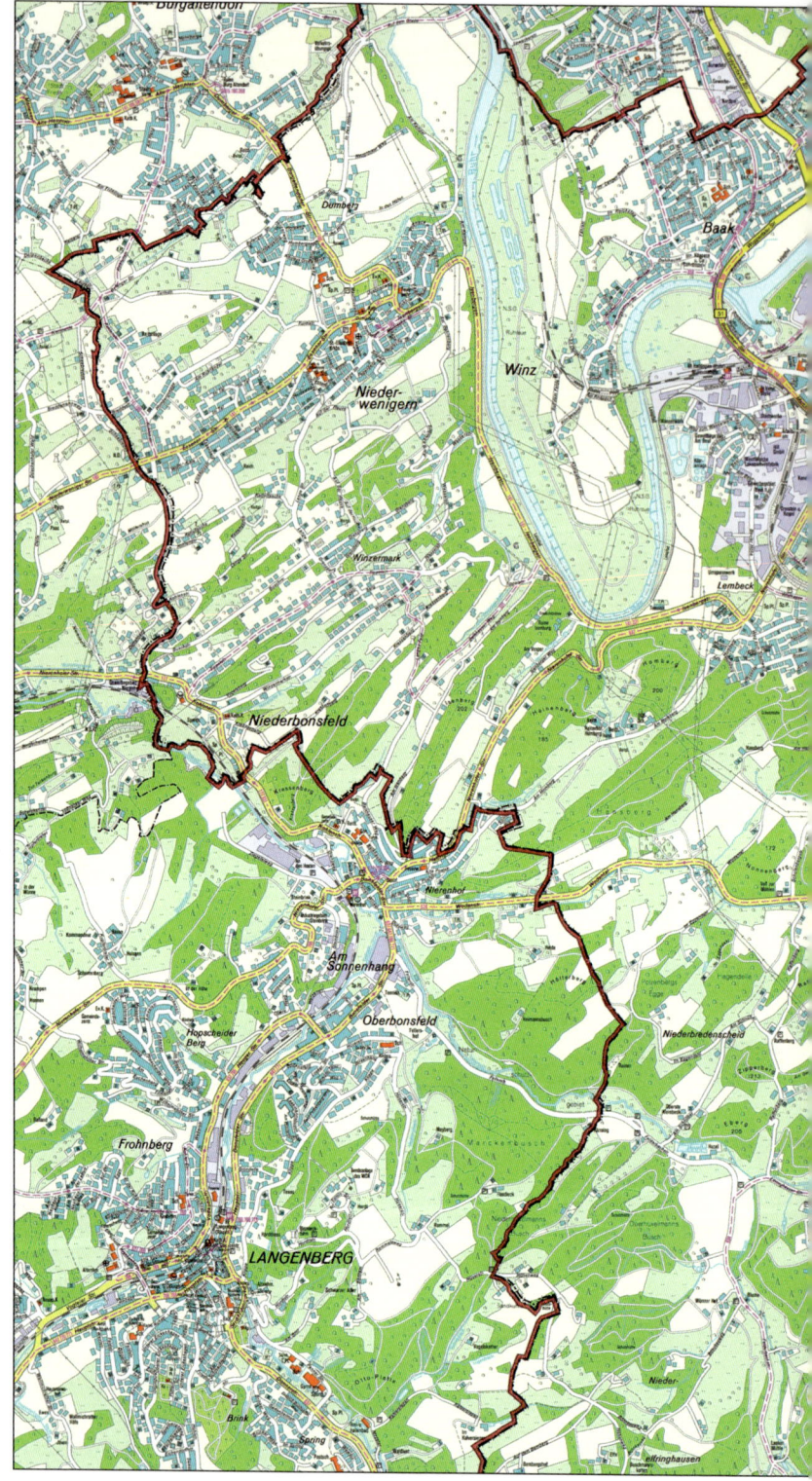

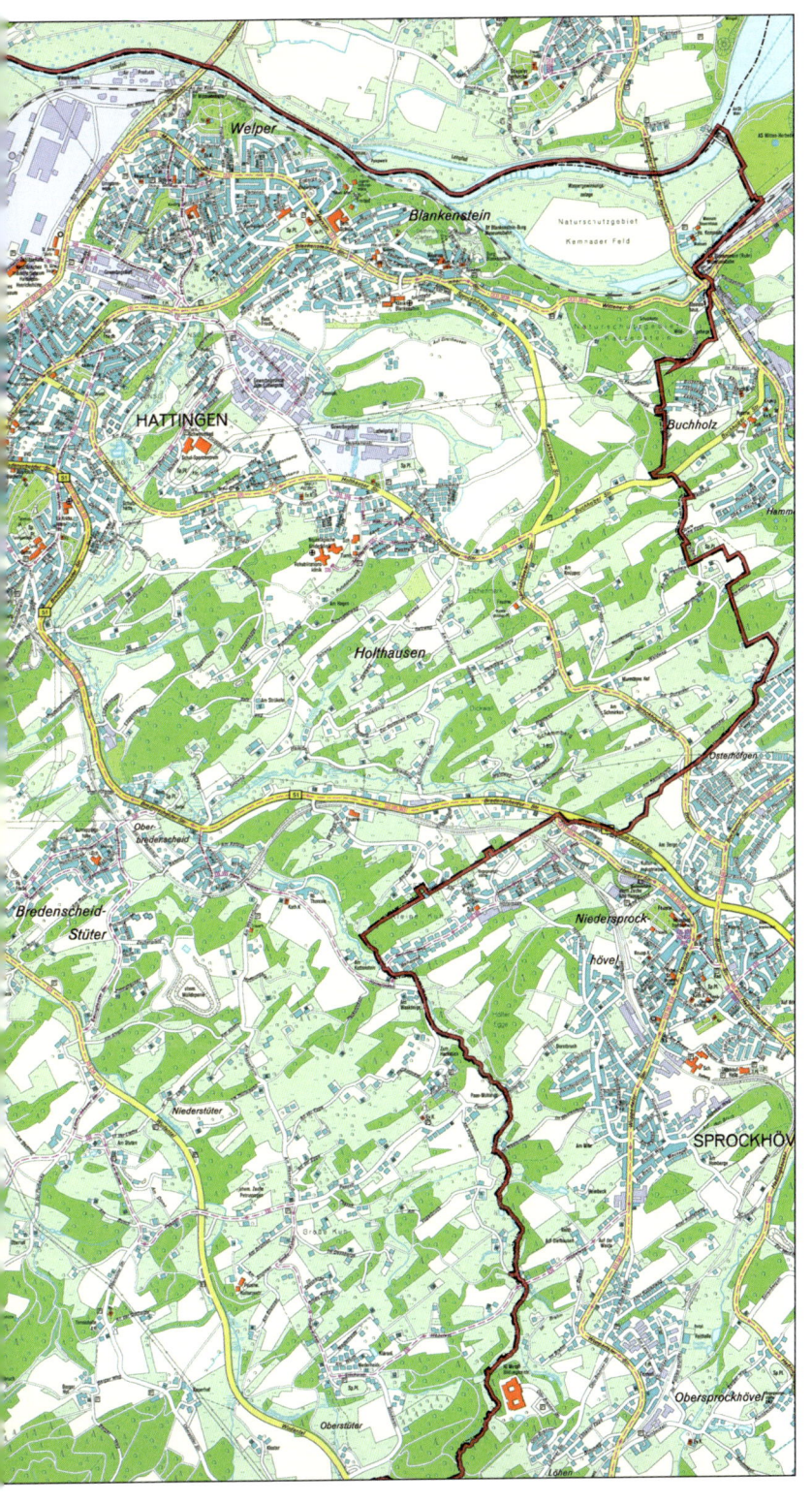

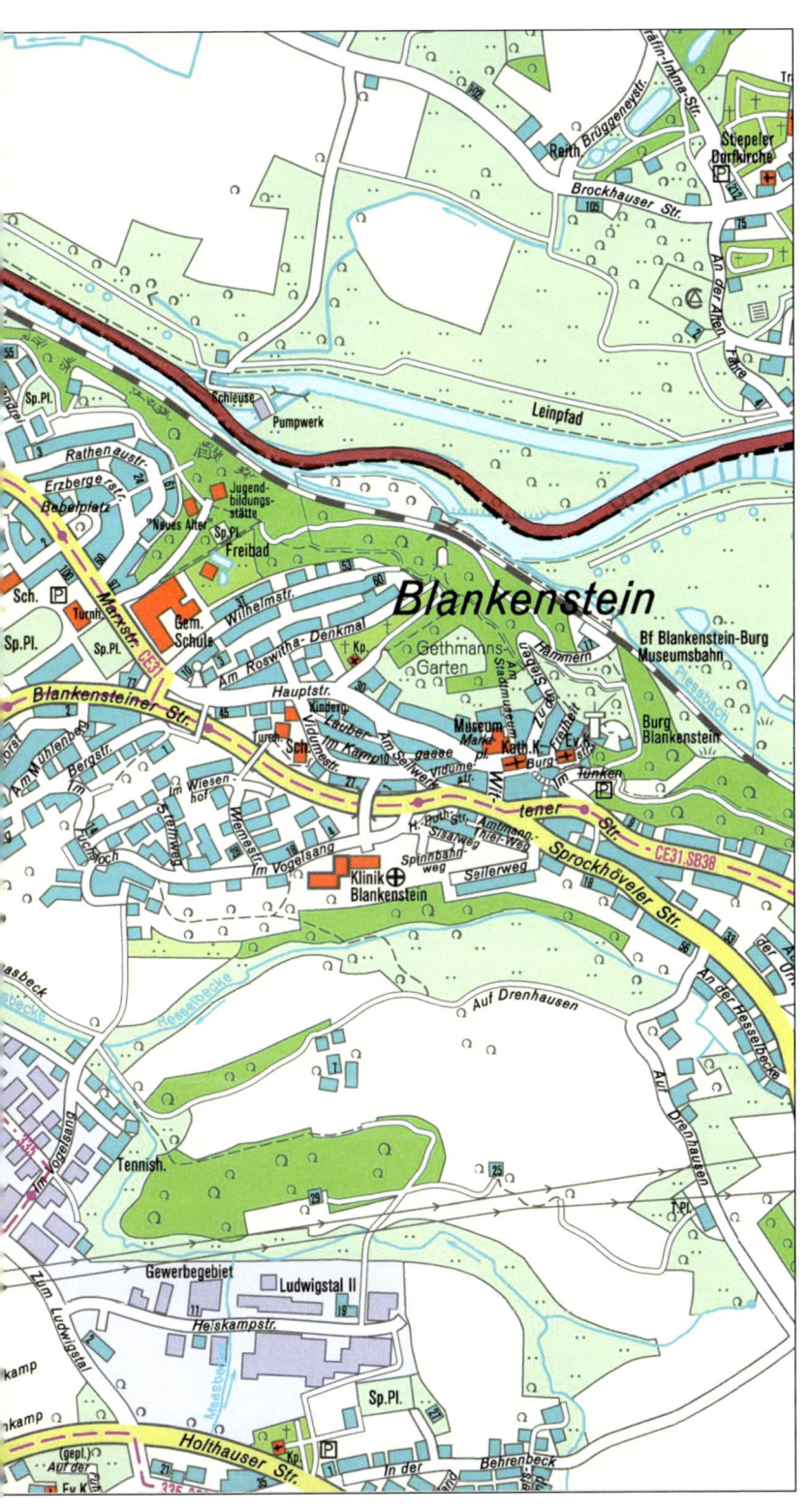

Stiepeler
Dorfkirche

Reith Brüggeneystr.

Brockhauser Str.
105

75

Leinpfad

An der Alten

Schleuse
Pumpwerk

Rathenaustr.
Erzberge
Babelplatz
"Naues Alter"
Jugend-
bildungs-
stätte
Freibad

Sp.Pl.

Sch.
Turn.
Gem.
Schule
Wilhelmstr.

Blankenstein

Bf Blankenstein-Burg
Museumsbahn

Sp.Pl.

Blankensteiner Str.

Hauptstr.

Am Roswitha-Denkmal
Gethmanns-
Garten
An Stadtmuseum

Burg
Blankenstein

Kinberg
Lauber
Im Kamp
Turn
Sch.

gasse
Museum
Markt-
pl.
Kath.K.
Burg
Ev.K.

Im Wiesen-
hof
Steinweg
Wennastr.

Im Funken
Wittener
Str.

Sprockhöveler Str.
CE31, SB38

Eichloch
Im Vogelsang

H.-Rath-Str.
Amtmann-
thiel-weg
Sisalweg
Spinnbahn-
weg
Seilerweg

Klinik
Blankenstein

Auf Drenhausen

Hesselbecke

Im Vogelsang

Tennish.

Auf Drenhausen

An der Hesselbecke

asbeck

Gewerbegebiet
Ludwigstal II

Helskampstr.

Zum Ludwigstal

kamp

Sp.Pl.

(gepl.)
Auf der
Ev.K
Holthauser Str.

In der
Behrenbeck

Hattingen bewegt sich.

Mit freundlicher Unterstützung:

Hattinger Wohnstätten Genossenschaft eG
Im Bruchfeld 17, 45525 Hattingen

Roonstraße 1, 45525 Hattingen
www.sparkasse-hattingen.de

Lothar G. Stalter Immobilien
Bahnhofstraße 79, 45525 Hattingen

Ingenieurbüro Schmitz Leipholdt
www.ibleibholdt.de

Bauunternehmung T. Klingebiel GmbH
Am Schacht Hubert 11 - 13, 45139 Essen